Clemens Bittlinger

DU SIEHST MICH

Clemens Bittlinger

DU *siehst* MICH

Für die Welt bist du nur einer von vielen,
doch für Gott bist du die Welt.

adeo

INHALT

„Du siehst mich" – was für eine spannende Aussage, geheimnisvoll, freudig, eindeutig und ambivalent zugleich. Es geht um Wahrnehmung und darum, wahrgenommen zu werden. Doch wer ist mit dem „Du" gemeint und wer ist das „Ich"? Wenn jemand, wie ich, als Jugendlicher in den 1970er-Jahren aufgewachsen ist, dann wird er bei dieser Aussage hellhörig. Sofort kommen einem der damals als Schreckensvision propagierte „gläserne Mensch" und ein alles überwachender Vater Staat in den Sinn. Längst wurden Ängste wie der Slogan „Killroy is watching you" oder das Szenario vom „Big-Brother-Staat" von der virtuellen Realität eingeholt und teilweise auch überholt. Ohne groß zu überlegen, liefern die meisten Konsumenten den weltweit vernetzten Internet-Giganten wie Facebook und Google bereitwilligst hochsensible, private, selbst intime Daten.

Terrorangst und eine allgemeine gesellschaftliche Verunsicherung ermöglichen – mit breiter Zustimmung der Bevölkerung – mehr und mehr die Schaffung eines Überwachungsstaates.

Doch wie sieht es aus, wenn mit diesem „Du" Gott gemeint ist und das „Ich" den Menschen beschreibt, der sich verwundert darüber freut, dass der Schöpfer des Kosmos sich als sein liebevolles Gegenüber erweist? Je mehr ich beim Schreiben dieses Buches über diesen freudig-erstaunten Ausruf nachdachte, desto mehr habe ich auch in meiner eigenen Biografie diesen Wunsch entdeckt: gesehen und wahrgenommen zu werden. Insofern ist dieses Buch ein sehr persönliches, ja oftmals autobiografisches Buch geworden. Das Thema „Du siehst mich" hat mir geholfen, mein eigenes bisheriges Leben neu zu reflektieren.

Vielleicht erkennen Sie ja beim Lesen dieses Buches so manche Erfahrung schmunzelnd wieder und beginnen, die Schätze Ihrer eigenen Erlebnisse zu entdecken. Ich lade Sie ein zu einer gemeinsamen, spannenden Expedition, bei der Ihnen die Augen für die Kostbarkeiten des Lebens ganz neu geöffnet werden.

Mit den besten Wünschen
Ihr
Clemens Bittlinger

Für die Freunde

Es gibt dich
weil Augen dich wollen
dich anseh'n und sagen
dass es dich gibt.

Hilde Domin

Gesehen werden

Schon Monate vor meiner Geburt wurde ich gesehen, Ultraschalluntersuchungen in den Arztpraxen gab es damals noch nicht, aber meine Eltern haben mich trotzdem wahrgenommen. Meine Mutter sah und fühlte ihren Bauch wachsen und hat sich vor ihrem inneren Auge vorgestellt, wie ich wohl aussehen würde. Es gab ja schon zwei Geschwister, also hatte sie eine ungefähre Vorstellung davon, wie ich wohl auf die Welt purzeln würde.

Das ist eine spannende Zeit, die Schwangerschaft, eine Zeit der Vorbereitung auf ein völlig neues Leben. Das durfte ich selbst als Vater zweier Kinder erleben – schon lange vor der Geburt haben wir sie vor unserem inneren Auge gesehen, unsere Kinder. Uns vorgestellt und ausgemalt, wie sie wohl zu uns und unserem Leben passen würden. Gesehen haben wir sie natürlich auch auf den Ultraschallbildern, und es war von Monat zu Monat spannend zu beobachten, wie unser Kind heranwächst, wie die einzelnen Gliedmaßen und Organe sich entwickeln und zusammenfügen. Es ist immer ein Wunder, wenn Leben neu entsteht.

Ein neugeborenes Baby muss erst ganz allmählich lernen, seine Umgebung auch über die Augen wahrzunehmen. Denn im Leib der Mutter war die Wahrnehmung vor allem durch das Hören bestimmt. Vor allem anderen und lange vor der Geburt hört ein werdender Mensch. Geräusche, Stimmen und Musik sind das Erste, was ein Embryo wahrnimmt, leider auch Ärger, Lärm und Streit.

So etwa ab der 20. Schwangerschaftswoche funktioniert der Hörsinn, nimmt Töne auf und unterscheidet Stimmen. Dabei hat die Stimme der Mutter eine besonders beruhigende Wirkung. Amerikanische Forscher behaupten sogar, jeder Mensch werde mit einem absoluten Gehör geboren, einer Fähigkeit, die aber dann mangels Training mehr und mehr verloren gehe. Offensichtlich ist, dass Neugeborene eine gewisse Musikalität schon mit auf die Welt bringen und Rhythmus, Ton- und Klangfarben unterscheiden können. Erst relativ spät kommt im Laufe der Entwicklung das Sehen hinzu.

Mit den Augen treten die meisten Menschen zu anderen in Kontakt und schaffen sich ein Bild ihrer Umwelt. Sehen ist für viele der wichtigste Sinn, um sich in der Welt zurechtzufinden. Rund 80 Prozent aller Sinneseindrücke nehmen wir über die Augen wahr.

Wir sehen: Das Lächeln unseres Gegenübers, die Farbe seiner Augen, die fein geschwungene Linie seines Kinns oder die Weite der Landschaft, die leuchtende Schönheit der Blumen, das Tiefblau des Meeres.

Das, was wir sehen, dominiert zunächst einmal unsere Wahrnehmung. Kommunikationswissenschaftler haben herausgefunden, dass wir bei einem Gespräch oder einem Vortrag zu über 50 Prozent auf die Körpersprache achten, d. h., in erster Linie „hört" das Auge. Nur so ist auch die überwältigende Dominanz des Fernsehens und des Internets in unserer Freizeitgestaltung zu erklären. Sehen und gesehen werden – nur so funktionieren auch die sozialen Netzwerke.

Wenn man nun bedenkt, dass unser Sehen alle drei Sekunden durch den Lidschlag unterbrochen wird, d. h. wir etwa 20 Prozent unserer wachen Zeit mit den Augen theoretisch nichts wahrnehmen, kann man erahnen und auch erforschen, dass unser Gehirn einen Mechanismus entwickelt hat, diese „Fehlzeiten" zu überbrücken. Man könnte es überspitzt so formulieren: „Auf unsere Augen können wir uns blind verlassen!"

Wenn jemand uns etwas eindrücklich vermitteln und sagen möchte, dann verwendet er idealerweise viele Geschichten und Bilder, die uns den Inhalt des Gesagten gewissermaßen „vor Augen" malen. Wenn ich ein Buch oder einen Bericht schreibe, dann bleiben die Passagen beim Leser am besten „hängen", in denen ich eine Geschichte oder ein Beispiel erzähle. Genau aus diesem Grund hat wohl auch Jesus von Nazareth so viele Bilder und Gleichnisse erzählt, weil sie vielschichtig sind und deshalb gut erinnert werden können, weil sie auch das „innere Auge" stimulieren.

Wenn ich einem blinden Menschen begegne, dann fasse ich ihn an, damit er mich klarer und dreidimensional lokalisieren kann. Bei einem Menschen ohne Augenlicht versuchen die anderen Sinne die verloren gegangenen oder von Anfang an nicht vorhandenen Funktionen so gut es geht zu überbrücken und zu ersetzen.

Ein Baby, das zu sehen beginnt, macht es ganz genauso: Es berührt das, was es sieht, und es nimmt das, was es fühlt, dann oft auch in den Mund. Es ertastet und erfasst mit dem Mund und mit der Zunge die Welt und entwickelt so nach und nach ein dreidimensionales Sehverständnis.

Meine Mutter hat mir von meiner Geburt und der ersten Zeit danach erzählt: Da war ich und wurde bestaunt, alle kamen und wollten mich sehen: Mama, Papa, die große Schwester, der große Bruder, die Oma (es gab nur noch eine) und die Opas, die Onkel und die Tanten, die Nachbarn und die Leute auf der Straße, alle sagten: „Ach, schau mal, ach wie süß, die Augen und die Nase – ganz der Papa –, und der Mund, nein wie entzückend, erinnert an die Mama!" Schon als Baby wurde ich sehr unterschiedlich wahrgenommen. Meine Eltern sahen mich natürlich mit ganz besonderen Augen an, klar, sie waren entzückt. Wobei mein Vater, als Pfarrer im Reisedienst, mich sicherlich nicht so intensiv begleitet hat wie meine Mutter, die ja zu Hause war. Betreut wurde ich außerdem von einem Kindermädchen, das in mir vor allem eines gesehen hat: eine neue Aufgabe und zusätzliche Arbeit. Meine Schwester und mein älterer Bruder, ja, wie haben die mich wohl gesehen? Natürlich haben sie sich damals über den neuen Familienzuwachs gefreut. Und zugleich war da sicher auch Eifersucht auf den Neuen, der nun auf einmal sehr viel Aufmerksamkeit auf sich zog.

Die letzten Jahre sind wir Geschwister wieder enger zusammengerückt, durch die Geburt unserer eigenen Kinder und durch den Tod unserer Mutter. Wir haben mehr darauf geachtet, dass wir uns regelmäßig sehen, miteinander Feste feiern und Urlaub machen. Viele gute Gespräche und Begegnungen bereichern unser Leben – wir hören aufeinander und freuen uns aneinander.

Die ersten Jahre meines Lebens haben wir in der Pfalz in einem geräumigen Pfarrhaus mit großem Garten gelebt. Da gab es viel zu entdecken und zu erforschen, erste Freundschaften wurden geschlossen, und ich kam in den Kindergarten. Ich erinnere mich nur sehr vage an diese Zeit, aber ich weiß von meinen eigenen Kindern, dass diese Zeit zwischen drei und sechs Jahren eine ungemein wichtige, sehr prägende Zeit ist.

Wie sehen mich die anderen? Wie komme ich an? Wie kann ich mich durchsetzen und die Spiele spielen, die ich möchte? Aus meiner eigenen Kindergartenzeit weiß ich nur noch, dass es eine Kindergärtnerin mit dem Namen Christiane gab, die ich wohl heiß und innig geliebt, aber auch genauso intensiv geärgert habe: „Christiane, Banane!", hieß damals mein „Schlachtruf".

Als unsere eigenen Kinder eineinhalb und viereinhalb Jahre alt waren, sind wir für vier Monate in die USA „ausgewandert". Als Pfarrer hat man nach zehn Dienstjahren Anspruch auf ein Sabbatical und wir haben diese Zeit genutzt, um mit der ganzen Familie nach Berkeley (nahe San Francisco) zu ziehen. Dort durften wir in einem alten viktorianischen Holzhaus leben und konnten uns als Familie neu sortieren. Unser Sohn Robin ging dreimal die Woche in die Monteverde Preschool, einen sehr schönen und kreativen Kindergarten, wo man wirklich das einzelne Kind im Blick hatte. Jeden Morgen gab es eine Begrüßungsrunde, in der gemeinsam gesungen, der jeweilige Tag besprochen und die verschiedenen Angebote vorgestellt wurden. Das war für uns alle eine tolle Erfahrung. In dieser Zeit lernte er, sich verschiedene Möglichkeiten „anzuschauen" und sich dann zu entscheiden, auf welche Weise er den Tag im Kindergarten verbringen wollte.

Eines Morgens wurde ein sogenanntes Pyjama-Frühstück ausgerufen – Eltern und Kinder sollten im Schlafanzug zum Kindergarten kommen. Ich fand das eine blöde Idee, aber ich wollte meiner Familie nicht den „Spaß" verderben. Also haben wir uns jeweils einen weiten Schlafanzug über die normale Kleidung gestreift und sind in diesem Aufzug dorthin marschiert – als die Einzigen, wie wir beschämt feststellen mussten. Alle anderen hatten diese Einladung, im Pyjama zu erscheinen, nicht so ernst genommen und waren (bis auf ein oder zwei Erzieherinnen) ganz normal erschienen. Dementsprechend wurden wir in der Runde mit einer Mischung aus Erstaunen und Belustigung beäugt… „diese seltsame Familie aus Deutschland".

Meine Grundschul-Zeit war von der Tatsache geprägt, dass wir, wegen der unterschiedlichen beruflichen Einsatzorte meines Vaters, oft umgezogen sind. Eine Zeit lang wurde ich bei einer nach meinem Empfinden etwas eigenartigen Tante „geparkt", die gleichzeitig auch vor Ort meine Grundschullehrerin war. Das war eine schreckliche Zeit, in der ich viel geweint habe. Das haben natürlich die anderen Kinder mitbekommen, und sehr schnell hatte ich den Ruf einer Heulsuse. Hier war ich nun auf sehr unangenehme Weise im Fokus der anderen, denn ich hatte als Neffe der Lehrerin ja einen gewissen Sonderstatus.

Später zog meine Familie nach Laatzen bei Hannover. Auch dort musste ich mich wieder zurechtfinden und mir neue Freunde suchen. Ich weiß noch, dass ich einmal für ein halbes Jahr keinerlei Hausaufgaben gemacht habe – und niemand bemerkte es. Meine Eltern waren so mit sich und vielem anderen beschäftigt, dass dies scheinbar gar nicht auffiel.

Mit den Augen eines Kindes

Meine Frau und ich haben mit unseren Kindern sehr viele Reisen in alle Welt unternommen, auch deshalb, weil wir gemerkt haben, dass wir selbst durch die gemeinsamen Urlaube und Reisen immer wieder neu zueinandergefunden und einander neu wahrgenommen haben. Bei diesen Unternehmungen sind natürlich auch sehr viele Fotos entstanden. Ab und zu finden wir die Zeit, uns hinzusetzen und durch die alten Fotos in die Welt von damals einzutauchen. Besonders spannend finde ich dann die Frage: „Wer hat eigentlich dieses Foto gemacht?" Denn Kinder und Erwachsene gehen das Fotografieren doch sehr unterschiedlich an – Kinder haben einfach eine andere Perspektive und ihnen fallen Dinge auf, an denen wir Erwachsene oft achtlos vorübergehen. Als unsere Kinder noch ziemlich klein waren, haben wir den beiden bei einem dreitägigen Romaufenthalt jeweils eine Kamera in die Hand gedrückt und gesagt: „Nun fotografiert doch mal alles, was euch auffällt und gefällt!" Beim späteren Betrachten der Bilder bemerkten wir, dass bei ganz vielen Bildern der blaue Himmel zu sehen war – ganz einfach deshalb, weil unsere Kinder aus ihrer Perspektive von unten nach oben fotografiert haben. Dabei musste ich spontan an eine der Seligpreisungen aus der

Bibel denken: *Selig sind, die reinen Herzens sind; denn sie werden Gott schauen* (Mt 5,8).

Im Lukasevangelium (18,15 ff.) wird berichtet: Mitten in einem Streitgespräch mit Schriftgelehrten ruft Jesus plötzlich ein Kind herbei, stellt es in die Mitte und sagt: „Wenn ihr nicht werdet wie die Kinder, könnt ihr das Himmelreich nicht sehen!" – Das haben wir auf ganz natürliche Weise an den Urlaubsfotos unserer Kinder gesehen, sie hatten einfach, weil sie Kinder waren, den Himmel viel mehr im Blick als wir Erwachsene. Ich übersetze diese Aussage Jesu gerne so: „Wenn wir nicht zurückfinden zu einer Ursprünglichkeit, wie Kinder sie haben, werden wir niemals verstehen, was es heißt, ein Kind Gottes zu sein." Das möchte ich von den Kindern lernen, den Himmel im Blick zu behalten.

„Augen sind die Fenster zur Seele", hat jemand mal gesagt, und wenn ich in Kinderaugen sehe, dann entdecke ich hin und wieder das, was Jesus wohl mit „reinem Herzen" gemeint hat. Kinder sind natürlich nicht grundsätzlich „reinen Herzens", aber sie haben, viel mehr als wir Erwachsene, oft noch diese lichten Momente, in denen kein „Falsch" liegt. Augen, die einen offen und voller Vertrauen ansehen, Augen, die noch staunen können – ungetrübt! Kinder sehen in einer bestimmten Altersspanne die Welt noch relativ klar und rein: Sie kennen noch keine Ironie und schon gar keinen Sarkasmus. Mama und/oder Papa sind die Hauptbezugspersonen, denen vertrauen sie mehr oder weniger blind.

Die Fotos von Kindern, die uns aus den Krisengebieten dieser Welt, z. B. aus der jahrelang schwer umkämpften syrischen

Stadt Aleppo, erreichen, sind vor allem deshalb so erschütternd, weil die Augen dieser Kinder schon so viel Leid, Hass und Enttäuschungen mit ansehen mussten, dass aus ihnen der Glanz des reinen Herzens gewichen ist.

Doch zurück zu meiner eigenen Kindheit: Von Laatzen aus sind wir wegen einer „neuen Idee" meines Vaters nochmals als Familie umgezogen. Diesmal ging es nach Bayern, genauer gesagt nach Unterfranken. Dort hatte mein Vater mit einer Gruppe Gleichgesinnter ein kleines Schloss entdeckt und die gemeinsame Vision entwickelt, dort ein „Begegnungszentrum für die Einheit der Christen" zu etablieren. Es war ein bunter Haufen von Theologen verschiedenster Glaubensrichtungen, die sich dort in Schloss Craheim zusammenfanden: Baptisten, Methodisten, Pfingstler, Lutheraner, Orthodoxe und Katholiken. Gemeinsam wollte man versuchen, Ökumene zu leben. Das war Ende der 1960er-, Anfang der 1970er-Jahre. Um es gleich vorwegzusagen: Es ging gründlich schief. Für meine Eltern, aber sicher auch für alle anderen Beteiligten war das Projekt „Begegnungszentrum für die Einheit der Christen" mit vielen Enttäuschungen verbunden.

Mein Vater, Arnold Bittlinger, hatte immer irgendwie die Nase im Wind. Er wollte dort sein, wo etwas passierte – wo vor allem „geistlich" etwas passierte. Schon Anfang der 1960er-Jahre hatte er die USA bereist und war dabei auf die charismatische Bewegung in den verschiedenen christlichen Gemeinden gestoßen. Dort gab es großartige Gottesdienste, voller Inbrunst und Hinwendung. Geistliche Ereignisse, bei denen er den

Eindruck hatte, hier wurde nicht nur über Gott geredet, hier wurde nicht stumpf einer alten Liturgie gefolgt, sondern hier passierte wirklich etwas: Hier wurden Menschen ganz offensichtlich von Gott berührt. Die Urgemeinde, so wie sie Paulus im Korintherbrief beschrieb, schien wieder zu neuem Leben erwacht: Menschen wurden geheilt, die Gemeinde sang in unverständlichen Sprachen (der sogenannten „Zungenrede"), es gab prophetische Reden und eine tiefe innere Hinwendung zu Gott. Das faszinierte den jungen Pfarrer der pfälzischen Kirche. Als er wieder zurück in Deutschland war, berichtete er einem Kreis missionarisch orientierter Kollegen begeistert von seinen Erlebnissen – und stieß auf Ablehnung. Das hielt ihn jedoch nicht davon ab, weiter nach Gleichgesinnten und Verbündeten zu suchen und das erste theologische, lutherisch-charismatische Standardwerk zu verfassen: „Im Kraftfeld des Heiligen Geistes". Seine Sehnsucht nach Aufbruch, dieses Getriebensein auf der Suche nach einer lebendigen Kirche, hatte zur Folge, dass wir als Familie oft umgezogen sind.

In Craheim entstand die Freundschaft zu einem anderen Pastorensohn. Er war sozusagen „Leidensgenosse" und ich erkannte in ihm einen wahrhaften Stammesbruder. Ständig waren wir im Freien unterwegs, spielten mit selbst gebastelten Indianeraccessoires und selbst geschnitztem Pfeil und Bogen. Wir waren Uncas und Chingachgook, wobei ich immer nur Uncas sein durfte. Gegen meinen älteren Bruder und seinen Freund lieferten wir uns erbitterte Kämpfe, die schon mal darin endeten, dass ich an einen Baum gefesselt und mit einem Erbsengewehr beschossen wurde.

In dieser Zeit bekam ich auch meinen ersten Hund. Der Busfahrer, der uns Kinder regelmäßig aufsammelte, damit wir in Stadtlauringen in die Grundschule gehen konnten, hielt mir eines Tages ein kleines weißes Bündel entgegen und fragte: „Meinst du, deine Eltern erlauben, dass du den mit nach Hause bringen darfst?" Da war es schon geschehen: Mein Kinderherz hatte sich voll und ganz in diesen kleinen, goldigen Hund verliebt. Meine Mutter war zunächst überhaupt nicht begeistert, aber der Kleine durfte dann doch bleiben. Als Indianerfan war ich natürlich auch ein eifriger Leser der Comicreihe *Silberpfeil*. Der Held der Geschichte war ein junger Krieger, der sich, ähnlich wie Winnetou, gegen die üblen Machenschaften des weißen Mannes behaupten musste. Sein Weggefährte war ein kleiner weißer Hund, der „Tinka" hieß. Und so nannte ich meinen neuen Gefährten ebenfalls so.

Zum ersten Mal erlebte ich die beglückende und bedingungslose Liebe eines Hundes. Leider dauerte dieses Glück nicht sehr lange. Irgendwann war der kleine Zwinger aufgebrochen und „Tinka" weg. Alles Suchen und Rufen half nichts und ich war unendlich traurig. Ich hatte jemanden verloren, den ich abgöttisch liebte und der mich, so dachte ich damals, allein im Blick hatte.

Meine Mutter war eine liebevolle Versorgerin, die meinem Vater in all den Jahren den Rücken frei gehalten hat. Die beiden waren sich in der kirchlichen Jugendarbeit begegnet und hatten relativ früh geheiratet. Auch wenn sie nicht immer die Visionen meines Vaters teilte, war sie doch eine Partnerin im wahrsten Sinne des Wortes und schaute, wie das Leben in den immer wieder neuen Gegebenheiten für uns alle weitergehen konnte. Um für uns und den Haushalt ganz da sein zu können, hatte sie ihr Theologiestudium abgebrochen. Erst später, mit Mitte 40, entdeckte sie wieder ihr Eigenes, begann zu malen und ihre Träume ernst zu nehmen. In der Begegnung mit dem christlichen Traumforscher Morton Kelsey kam sie mit ihren inneren Bildern in Berührung. Was sehen wir, wenn wir unsere Träume sehen? Und im Alter von 50 Jahren nahm sie ihr Theologiestudium wieder auf, studierte dann, fasziniert von den Gedanken von C. G. Jung, Psychologie und eröffnete mit 60 Jahren ihre eigene psychotherapeutische Praxis. Zur Deutung von Märchen hat sie etliche kleinere Werke veröffentlicht. Sie war eine erstaunliche Frau, die uns leider im Alter von 78 nach einem Schlaganfall viel zu früh verließ.

Wir sind eine Familie

Dass wir einander haben
und nicht alleine stehn,
das lasst uns nie vergessen
und die mit einbeziehn,
die sich wohl einsam fühlen,
denn sie gehörn dazu,
zu unserer Familie,
zu uns, zum „Ich" und „Du".

Wir sind eine Familie,
sind eine bunte Schar,
aus Eltern, Brüdern, Schwestern,
Oma und Großpapa,
aus Kindern, Männern, Frauen,
so manchen, die da warn,
und jeder, der noch zu uns stößt,
gehört zu dieser Schar.

Dass wir einander haben,
das spürn wir Hand in Hand,
denn unsichtbare Fäden
sind zwischen uns gespannt,
die können wir ertasten,
wir knüpfen daran an,
dass auch die schweren Lasten
dies Netz auffangen kann.

Dass wir einander haben,
dass wir einander sehn,
ist ein Geschenk des Himmels,
Gott gibt uns zu verstehn:
Du Mensch bist nicht alleine
auf dieser weiten Welt,
bist Teil einer Gemeinschaft,
nicht nur auf dich gestellt.

Im Matthäusevangelium (12,46–50) wird über folgendes Ereignis berichtet: Jesus war zu Gast in einem größeren Haus, er war dort eingeladen, um zu den Menschen zu sprechen – der Raum war völlig überfüllt.

Nun könnte man meinen, dass die Mutter und die Geschwister Jesu einen derart engen Draht zu ihm hatten, dass sie jederzeit und in jede Veranstaltung reingekommen wären, bei der sie dabei sein wollten. Sie waren selbstverständlich davon ausgegangen, dass sie auf einer „imaginären Gästeliste" standen. Und so ließen sie Jesus kurz vor seinem Auftritt ausrichten: „Hey, deine Mutter und deine Geschwister sind hier und sie wollen dich gerne sehen." Doch Jesus ließ sie abblitzen, noch dazu mit der eigenartigen Rückfrage: „Wer soll das sein, meine Mutter, meine Geschwister? Diese dort, die da sitzen, sind meine Brüder und Schwestern! Alle, die das tun, was mein Vater im Himmel will, sind mein Bruder, meine Schwester und meine Mutter!"

Was für ein Affront: Da zieht die Familie schon mal die Promikarte, zückt den VIP-Ausweis und wird dann brüsk abgewiesen. „Meine Mutter? Wer soll das sein?" – dies zu hören, muss Maria sehr wehgetan haben. Warum hat Jesus so reagiert?

Wir wissen wenig über die Jugend von Jesus, doch es scheint so, dass er relativ lange zu Hause bei seinen Eltern gelebt hat. Als er seinen Auftrag erkannt hatte und von zu Hause fortgezogen war, geschah dies ziemlich kompromisslos und ohne

Rücksicht auf seine irdische Familie. Er musste das, was er als gut und richtig erkannt hatte, nun auch leben und wusste ziemlich genau, was er zu tun und zu lassen hatte. Keine privaten Ansprüche, kein Reinreden mehr – er war dabei, etwas ganz Neues aufzubauen, jene Freundinnen und Freunde um sich zu scharen, die seine Vision vom heranbrechenden Reich Gottes teilten. Da war kein Platz für Sentimentalität oder gar für Rollenzuweisungen aus längst vergangenen Tagen. Selbst die Rolle der Mutter, die damals wie heute in unserer Kultur eine sehr große Rolle spielt, wurde relativiert: „Du hast deinen Anspruch auf mich verloren – ich bin ein freier Mensch, und zu dieser Freiheit gehört auch, dass ich mich von den Erwartungen meiner Familie lossage."

Alle fünf Jahre trifft sich unser Abiturjahrgang zu einem Klassentreffen. Ich habe den Eindruck, dass manche heute gestandene Persönlichkeit nicht zu diesen Treffen kommt, weil sie Angst davor hat, in die alten Schubladen gesteckt und in die alte „Underdog-Rolle" gepackt zu werden. Das will sich mancher scheinbar nicht antun. Verstehen kann ich es, auch wenn es von keinem sehr großen Selbstvertrauen zeugt. Auch hier geht es wieder um das Ansehen der Person und unser Selbstbild.

Jesus hat alle im Blick, die mit ihm unterwegs sind, er betrachtet sie als seine Geschwister im Glauben und er weiß, dass manch einer Vater und Mutter verlassen wird, um ihm nachzufolgen (vgl. Mt 19,5). Die Tatsache, dass ein junger Mann erst noch seinen Vater beerdigen möchte, bevor er bereit ist, Jesus nachzufolgen, kommentiert er hart: *Lass die Toten ihre Toten begraben* (Mt 8,22). Jetzt gilt es aufzubrechen, es gibt keinen Aufschub dafür. Dass Jesus eine neue Vision von Familie hat, wird spätestens am Kreuz von Golgatha sichtbar, wo er auf seine Mutter Maria deutet und zu seinem Jünger Johannes sagt: „Schau, das ist nun künftig deine Mutter!" Und an Maria gewandt, auf Johannes deutend: „Schau, das ist nun künftig dein Sohn!" (vgl. Joh 19,26 f.). Familie ist Jesus sicherlich nicht egal – aber die Blutsbande sind nicht bedeutsamer als die Seelenverwandten, die ihm nahestehen.

Auf der Suche nach Seelenverwandten sind wir, glaube ich, unser Leben lang. Ein irisches Sprichwort sagt: „Freunde sind Gottes Entschuldigung für Verwandte." Ich habe das Glück, einige wenige Menschen zu meinen Freunden zählen zu dürfen. Das wünsche ich jedem!

Doch nicht immer entpuppen sich Menschen, die uns zunächst sympathisch sind, auch auf Dauer wirklich als Freunde.

Im Alter von 13 und 14 Jahren, ich machte gerade meinen Moped-Führerschein, hatte ich ein eindrückliches Erlebnis. Wir konnten damals, wenn Stunden ausfielen, nicht einfach nach Hause gehen, wie die Schülerinnen und Schüler, die vor Ort lebten, sondern wir mussten uns irgendwie beschäftigen. So geschah es, dass wir uns in einer Clique zusammenfanden und begannen, in einem nahe gelegenen Supermarkt zu klauen – nicht, weil wir irgendwas dringend gebraucht hätten, sondern aus Langeweile und wegen des Nervenkitzels. Es waren immer nur Kleinigkeiten, die wir da mitgehen ließen: Kaugummi, Bonbons, mal eine Schachtel Zigaretten. Wir kauften immer irgendwas, hatten aber die Taschen voll mit Diebesgut. Das fiel natürlich nach einiger Zeit auf. Wir wurden beobachtet. Und als uns dann noch einer, der eigentlich „Schmiere stehen" sollte, verpfiff, wurden wir von der Kaufhausleitung aufgegriffen und in einem Hinterzimmer „verhört". Ich hatte schnell mitbekommen, dass gerade etwas schiefgelaufen war, und mich sofort meiner Beute entledigt. Meine Taschen waren leer, als man mich aufforderte, sie nach außen zu stülpen. Doch mein Gewissen plagte mich so sehr, dass ich auf der Stelle heulend zusammenbrach und alles gestand. Wir erhielten allesamt Kaufhausverbot und das Schlimmste war: Ich wurde mit einem Polizeiwagen nach Hause gefahren. Zum Glück waren meine Eltern nicht zu Hause, aber ich wusste, bald würde eine Strafanzeige ins Haus flattern. Nachts konnte ich kaum schlafen und war so sehr bedrückt, dass meine Mutter mich eines Morgens zur Rede stellte und fragte, was eigentlich los sei. Sie hat gesehen, dass ihr Junge verändert war, und ist dem nachgegangen. Unter Tränen gestand ich ihr das ganze Drama. Sie reagierte liebevoll und nahm mich erst einmal in den Arm. Mein Vater aber hat daraufhin drei Tage lang nicht mit mir gesprochen – das war schlimm.

Im darauffolgenden Sommer fuhr ich mit einer Freizeitgruppe für 14 Tage nach Österreich. Die Leitung hatte ein junges Paar, das aus der *Jesus-People*-Bewegung kam. Als Pfarrerssohn hatte ich zwar schon viel „Christliches" gehört und gesehen, aber richtig berührt hatte es mich nicht – es gehörte halt irgendwie dazu. Auch hatte ich bis dahin selten selbst ein Gebet gesprochen oder mir überlegt, was dieser Glaube mit mir persönlich zu tun haben könnte. Das änderte sich auf dieser Freizeit. Ich erlebte, wie das gemeinsame Singen und Beten mich fröhlicher machte. Ich lauschte gespannt und mit neuem Interesse den Erzählungen aus der Bibel. Hier waren auf einmal junge Leute und Jugendliche in meinem Alter, denen diese alten Texte und Erzählungen etwas bedeuteten. Mehr noch: denen sie etwas für ihren ganz normalen Alltag sagten. Ich erkannte, dass man mit den Aussagen des Alten und des Neuen Testaments sein Leben anders und sinnvoll gestalten konnte. Jesus von Nazareth wurde mir als Freund nahegebracht und als einer, der mich sah: mit all meinen Nöten und Fragen, aber auch mit all meinen Hoffnungen und Möglichkeiten. Das hat mein Leben nachhaltig verändert und geprägt – bis heute.

Pass auf, kleines Auge, was du siehst ...

Das Bild eines strafenden und moralisch streng mein Leben überwachenden Gottes hatte ich zum Glück niemals. Ganzen Generationen von Eltern und Kindern wurde jedoch genau dieses Gottesbild gewissermaßen mit in die Wiege gelegt. In diesem Zusammenhang betrachtet hätte auch der Titel dieses Buches eher etwas Bedrohliches. „Du siehst mich" als Bild eines übermächtigen, strafenden Gottes. Einem, der über unser Leben genau Buch führt und am Ende aller Tage mich womöglich in die ewige Verdammnis schickt.

Solch ein Überwacher-Gott wurde über Jahrhunderte hinweg gern als Legitimation für jegliche Spielart der schwarzen Pädagogik hinzugezogen. Ein scheinbar harmloses Kinderlied spielte dabei eine zentrale und verheerende Rolle:

Pass auf, kleines Auge, was du siehst!
Pass auf, kleines Auge, was du siehst!
Denn der Vater im Himmel
schaut herab auf dich,
drum pass auf, kleines Auge, was du siehst!

Pass auf, kleines Ohr, was du hörst!
Pass auf, kleines Ohr, was du hörst!
Denn der Vater im Himmel
schaut herab auf dich,
drum pass auf, kleines Ohr, was du hörst!

Pass auf, kleiner Mund, was du sprichst!
Pass auf, kleiner Mund, was du sprichst!
Denn der Vater im Himmel
schaut herab auf dich,
drum pass auf, kleiner Mund, was du sprichst!

Pass auf, kleine Hand, was du tust!
Pass auf, kleine Hand, was du tust!
Denn der Vater im Himmel
schaut herab auf dich,
drum pass auf, kleine Hand, was du tust!

Pass auf, kleiner Fuß, wo du gehst!
Pass auf, kleiner Fuß, wo du gehst!
Denn der Vater im Himmel
schaut herab auf dich,
drum pass auf, kleiner Fuß, wo du gehst!

Pass auf, kleines Herz, was du glaubst!
Pass auf, kleines Herz, was du glaubst!
Denn der Vater im Himmel
schaut herab auf dich,
drum pass auf, kleines Herz, was du glaubst!

Pass auf, kleines Ich, werd nicht groß!
Pass auf, kleines Ich, werd nicht groß!
Denn der Vater im Himmel
schaut herab auf dich,
drum pass auf, kleines Ich, werd nicht groß!

Traditional (O be careful little eyes)

Dieses „Pass auf!" und der Gedanke, dass dieser Vater im Himmel prüfend auf mich herabschaut, sind einfach gruselig! Aber es gibt bis heute Menschen, die dieses Überwachungsmodell in den Hinterstuben ihres Glaubens fest abgespeichert haben. Von dem amerikanischen Sänger und Satiriker Kinky Friedman stammt der Satz „Wash your hands and say a prayer, germs and Jesus are everywhere!", der seinen Spott über ebenjene schwarze Pädagogik ausschüttet: „Wasch die Hände und sprich dein Gebet, Jesus und Bakterien finden dich überall!" Er spricht dabei über die Menschen, die vor allem den Teufel an die Wand malen und die Freiheit und auch das Lachen in den Keller verbannen.

Wenn ich dazu noch einen despotischen leiblichen Vater habe, dann wirkt das Gottesbild vom Vater, so wie es Jesus seinen Nachfolgern im „Vaterunser" vermittelt, eher bedrohlich als tröstlich und hilfreich. Und ich kann das Bild des Richters, zumindest im Neuen Testament, auch nur spurenhaft entdecken. Viel stärker und größer ist das Gottesbild eines liebenden und sorgenden Vaters, so wie Jesus es hatte.

Als Jugendlicher hat mich fasziniert, dass ich „angesehen war" von Jesus und von denen, die sich an ihm orientierten. An vielen Stellen im Neuen Testament lesen wir: „… und Jesus schaute ihn an!" Geradezu im Widerspruch zu dem oben erwähnten Lied steht seine Begegnung mit dem Zöllner Zachäus. Dieser Mann wird in der biblischen Geschichte als jemand beschrieben, den die Leute nicht sonderlich mochten. Er war Teil des römischen Steuerapparats und hatte es wohl, zum Teil auf Kosten seiner Mitbürger, in der Stadt Jericho zu einigem Reichtum gebracht. Als Zachäus hörte, dass Jesus in die Stadt kommen würde, war er wie alle anderen neugierig und gespannt auf diesen Mann. Um nicht mit den anderen Schaulustigen (von denen ihn sicher viele kannten und erklärtermaßen nicht mochten) am Straßenrand stehen zu müssen, kam er auf die Idee, auf einen Baum zu klettern, der an der Hauptstraße, die durch Jericho führte, stand. Dort saß er nun, gewissermaßen auf einem Logenplatz, und wartete ab. Als nun Jesus mit seinen Jüngern diese Strecke entlangkam, blieb dieser unter dem Baum stehen, auf dem Zachäus saß, und schaute hinauf.

Ein sehr schöner Moment: Jesus schaute zu dem hoch, auf den alle anderen herabschauten! Wie viel Verwandlungskraft lag wohl allein in diesem Blick und in dieser Geste? Eben kein „von oben herab", sondern ein Aufschauen zu dem, der auf der Suche ist, ein Aufschauen zu einem, der spürt: Es stimmt etwas nicht in meinem Leben, mir fehlt etwas. Der Suchende wird von Jesus gefunden. Er erkennt: „Du siehst mich! Und das verändert alles!"

Wie viele Leute mögen damals wohl am Straßenrand gestanden haben? Wie viele von ihnen haben vermutlich die Welt nicht mehr verstanden, als Jesus ausgerechnet diesem verhassten Außenseiter die höchste Ehre zuteilwerden ließ, indem er ihn um seine Gastfreundschaft bat: „Zachäus, beeile dich und komm von diesem Baum herunter, denn ich muss heute bei dir, in deinem Haus, zu Gast sein!", ruft Jesus ihm zu (vgl. Lk 19,5). Im griechischen Urtext taucht an dieser Stell das Wort „dei" auf: Ich „muss" – es gibt keine andere Möglichkeit.

Wenn sich im Leben des Zachäus etwas Grundlegendes ändern soll, wenn er Jesus wirklich kennenlernen möchte, dann „muss" Jesus in sein Haus einziehen, dann „muss" das alle Lebensbereiche berühren und betreffen. Denn nur eine Umkehr und Erneuerung von ganz innen bewirkt auch eine nachhaltige Veränderung im Äußeren.

Zachäus folgte seinem Herzen, stieg hocherfreut und so schnell es eben ging vom Baum herunter und öffnete für Jesus sein Haus. Er *begrüßte es*, heißt es im Originaltext, gerade so, als hätte er lange auf diesen Moment gewartet, als hätte er sehnsüchtig Ausschau gehalten nach einer neuen und anderen Lebensweise.

Und die anderen Leute? Was war mit denen, die sich besonders schick gemacht hatten? Was war mit den Honoratioren der Stadt, die selbstverständlich davon ausgegangen waren, dass Jesus sich (im übertragenen Sinne) ins „goldene Buch der Stadt" eintragen und mit den Offiziellen speisen würde? Wurden sie ignoriert, von Jesus übersehen? Sicher nicht, aber er hatte keine Zeit zu verlieren und sein Auftrag war nicht „Repräsentation und Small Talk", sondern die grundlegende Erneuerung des Einzelnen und im Weiteren der Gesellschaft.

Dennoch ärgerten sich alle Umstehenden und beschwerten sich: „Einen, der offensichtlich sündigt, hat er sich als Gastgeber ausgewählt!" Was für eine Enttäuschung! Der „Ehrenwerte", der, der versucht alles gut und richtig zu machen und nach den Geboten Gottes zu leben, der wird nicht belohnt, sondern der, der sich unmoralisch und gottlos verhält, wird besonders hofiert – ein Skandal!

Dazu passt ganz gut, finde ich, Folgendes: *Ein Priester, der sein Leben lang Gott und der Kirche treu gedient hat, und ein Busfahrer kommen gleichzeitig in den Himmel. Der Priester wird angewiesen, sich an einem Nebeneingang auf einer Holzbank niederzulassen und zu warten, bis er an der Reihe sei. Der Busfahrer hingegen wird am Hauptportal des Himmels mit großem Tamtam von Petrus höchstpersönlich begrüßt und herzlich willkommen geheißen. Der Priester ärgert sich: Wie kann es sein, dass ein stinknormaler Busfahrer einem Diener Gottes so offensichtlich vorgezogen wird? Wütend hämmert er an die Tür des Seiteneingangs. Nach einiger Zeit öffnet ein Engel die Holzklappe dieses Nebeneingangs und fragt nach, warum der Priester so einen Radau mache. Daraufhin beschwert sich dieser: „Warum begrüßt ihr diesen Busfahrer so herzlich und lasst mich hier im Abseits so lange warten?" – „Na ja", antwortet der Engel. „Bei deiner Messe und bei deinen Predigten sind die Leute regelmäßig eingeschlafen, der Busfahrer hingegen hatte solch einen katastrophalen Fahrstil, dass die Fahrgäste regelmäßig angefangen haben zu beten."*

Damit Zachäus sich neu orientieren kann, muss Jesus zu ihm kommen. Bei ihm Wohnung nehmen, dort sein, wo er ist. Das ist heute so wie damals in Jericho. Da, wo die Botschaft Jesu im Herzen eines Menschen Raum gewinnt, verändert sich das Leben, verschieben sich die Perspektiven: Wir wollen dann nicht mehr einfach so weitermachen wie bisher. Etwas Neues beginnt, wenn wir unser Leben und unsere Aufgabe hier auf dieser Erde plötzlich in dem großen Zusammenhang des anbrechenden Reiches Gottes sehen und verstehen.

Bei dem bisher habgierigen und betrügerischen Zachäus erwacht in der Begegnung mit Jesus das soziale Gewissen: *Siehe, Herr, die Hälfte von meinem Besitz gebe ich den Armen, und wenn ich jemanden betrogen habe, so gebe ich es vierfach zurück* (Lk 19,8). Wir können nur ahnen, um wie viel glücklicher Zachäus nach dieser Wende leben kann und darf, wenn Jesus sagt: „Heute ist diesem Haus Heil widerfahren, denn auch er ist Abrahams Sohn!" Jesus erinnert die Einwohner von Jericho daran, dass der von den meisten verachtete Zöllner zur jüdischen Gemeinschaft des Ortes gehört, indem er ihn ausdrücklich als „Sohn Abrahams" bezeichnet. Das neue öffentliche Ansehen und das sich komplett verändernde soziale Verhalten des Zöllners Zachäus sind die Folgen der Begegnung mit Jesus: Dafür ist Jesus nach Jericho gekommen und deshalb wendet er sich an die Enttäuschten und Entsetzten mit den Worten: *Der Menschensohn ist gekommen, und die zu suchen und selig zu machen, die verloren sind!*

Der Evangelist Lukas beschreibt Jesus als einen wandernden Fremden, der die Armen und die Reichen aufsucht und im Blick hat. „Als Gast kommt Jesus... auch in die Häuser der Pharisäer und bemüht sich um sie (Lk 7,36; 11,37; 14,1). Vor allem aber geht er als Gast zu den Sündern... nicht nur zu einer (bestimmten) Gruppe, sondern zu allen. Er geht in die Häuser der Sünder und der Pharisäer."[1] Und als Konsequenz seiner Neuorientierung teilt der Reiche sein Geld mit den Armen. Der Autor des Lukasevangeliums hat immer auch

---

1 Goppelt, Theologie des NT, Göttingen 2006, S. 615.

die christliche Gemeinde im Blick, für die die Gütergemeinschaft eine wichtige Existenzgrundlage war.

„Du siehst mich!" – das hat Zachäus erfahren. Und das ist der Auftrag Jesu, der Weg Gottes in dieser Welt: jene in den Blick zu nehmen, die ihn suchen. Denn nur wer sucht, kann auch gefunden werden. Als Jugendlicher habe ich das gespürt und ich ließ mich gerne finden.

Ich seh dich und Jesus sieht dich auch

Ein Einbrecher dringt in eine schmucke Villa ein. Als er trickreich das Fenster geöffnet hat und ganz leise und vorsichtig eingestiegen ist, hört er plötzlich eine Stimme: „Ich seh dich und Jesus sieht dich auch." Es durchfährt ihn ein großer Schreck, aber er tastet sich weiter, öffnet im Dunkeln die nächste Tür. Da hört er schon wieder diese Stimme, diesmal merklich näher: „Ich seh dich und Jesus sieht dich auch."

„Merkwürdig", denkt er, dabei geht ihm ganz schön die Muffe. Doch er geht weiter und öffnet die nächste Tür. Nun ertönt die Stimme direkt vor ihm: „Ich seh dich und Jesus sieht dich auch!"

Da macht er ruckartig die Taschenlampe an und sieht vor sich in einem Käfig einen Papagei: „Hallo, ich bin Hannibal, der Hauspapagei. Ich seh dich und Jesus sieht dich auch."

„Du hast mir ja einen ganz schönen Schrecken eingejagt", seufzt der Einbrecher. „Aber sag mal, Hannibal ist doch ein eigenartiger Name für einen Papagei, findest du nicht?"

„Ja, schon, aber Jesus ist ein noch viel seltsamerer Name für einen scharfen Bullterrier."

DER WEITE BLICK DES VATERS

Im krassen Gegensatz zu dem Bild des „von oben herabschauenden Vaters im Himmel" steht auch die Erzählung vom liebenden Vater, allgemein bekannt als die Erzählung vom „Verlorenen Sohn" (Lk 15,11 ff.). In dieser Erzählung vermittelt Jesus ein Gottesbild, das nichts zu tun hat mit dem oben erwähnten Lied. Kein ferner Gott, kein „Vater im Himmel, der auf uns herabschaut", sondern einer, der sehnsüchtig Ausschau hält nach dem Sohn, der sich von ihm entfernt hat. Er weiß nicht, wie es dem Sohn in der Ferne geht, er hat ihn ziehen lassen, weil dieser es wollte. Das ist mit die schwerste Aufgabe für Eltern, für einen Vater, dass wir unsere Kinder freigeben und ziehen lassen. Genau dieser Ablösungsprozess ist die Ausgangssituation dieser Erzählung: Ein junger Mann hat das Leben zu Hause satt und fordert von seinem Vater seinen Erbteil. Und der Vater kommt dieser Bitte nach. Weil er möchte, dass es gerecht zugeht, teilt er das Erbe direkt unter beiden Söhnen auf. Auch der Bruder, der nicht „in die weite Welt" ziehen möchte, bekommt seinen Teil ausbezahlt.

Wenn wir bedenken, dass es bei dieser Geschichte immer auch um das Gottesbild, das uns Jesus vermitteln möchte, geht, dann sehen wir hier gleich am Anfang, dass es um Gerechtigkeit geht – dieser Vater ist gerecht und er hat nicht nur den auffälligen und reiselustigen Sohn im Blick, sondern auch den treuen und unscheinbaren. Beide bekommen ihren Anteil. Und dieser Vater ist einer, der die Freiheit kennt und liebt. Deshalb lässt er den Sohn auch ohne großes Lamento ziehen. Leichtgefallen ist ihm das ganz sicherlich nicht.

Ich erinnere mich noch sehr gut an die Situation, als unser Sohn im Alter von 18 Jahren zu Hause ausgezogen ist. Wir haben ihn unterstützt, wo wir konnten, ihm geholfen eine Wohnung zu finden und mit ihm dafür zum Teil auch neue Möbel gekauft. Aus eigener Erfahrung wusste ich, wie wichtig dieser Schritt „von zu Hause weg" war. Und doch, als er dann die erste Nacht definitiv nicht mehr zu Hause wohnte, saß ich in seinem halb leeren Zimmer und habe geweint und für ihn gebetet.

Ich war etwa genauso alt wie er, als ich damals zu Hause auszog. In der Schule, in einer unterfränkischen Kleinstadt, hatte ich Fuß gefasst, endlich einen Freundeskreis gefunden, da ereilte meinen Vater „der Ruf" nach Genf zum Weltkirchenrat. Zusätzlich übernahm er eine halbe Pfarrstelle in dem Schweizer Winzerdorf Oberhallau. Da habe ich gestreikt und gesagt: „Ohne mich! Ich bleibe hier und mache hier mein Abitur!" Das heißt, eigentlich bin nicht ich ausgezogen, sondern meine Eltern und mein jüngerer Bruder sind von mir weggezogen. Aber es war klar: Ich wollte mein Leben nicht mehr von den immer wieder neuen Umständen, in die mein Vater uns als Familie mit hineinnahm, fremdbestimmen lassen. Und ich kann mich noch sehr gut daran erinnern, wie sich das anfühlte, mehr oder weniger auf eigenen Beinen zu stehen. Ein bisschen wackelig, aber frei!

„Reisende soll man ziehen lassen …", sagt ein altes Sprichwort: Der Vater entlässt sein Kind in die Freiheit, er weiß, dass es keinen Sinn macht, den Sohn zu halten, denn er ist innerlich ja schon längst weg. Er will sich ausprobieren und seinen Träumen folgen. Der Vater sieht dies alles, gibt dem Sohn seinen Segen und behält sein Kind natürlich trotzdem weiter im Blick. Sehnsüchtig wartet er auf ein Wiedersehen und hält Tag für Tag Ausschau nach ihm. Sicher betet er auch für ihn und für die ganze Familie. Er betet, dass es ihm gut gehen möge und dass ihn die Erfahrungen, die er in der Ferne macht, stärker und reifer werden lassen, sodass er nicht daran zerbricht. Jeder darf und muss Fehler machen, sich ohne Angst ausprobieren – frei handeln –, denn das macht das Leben aus.

Noch einmal kommt mir eine Zeile dieses merkwürdigen Kinderliedes in den Sinn, das mich lange begleitet hat: *Pass auf, kleines Ich, werd nicht groß! Denn der Vater im Himmel schaut herab auf dich, drum pass auf, kleines Ich, werd nicht groß!*

Was für ein Unsinn! Der Vater wünscht sich nichts so sehr, wie dass sein Kind groß, reif und erwachsen wird. Ein Mensch ohne Angst, kein Duckmäuser, sondern ein aufrechtes Kind Gottes, das sollen wir sein!

Es ist schon erstaunlich, wie die Gottesbilder, die wir einmal vermittelt bekamen, unser Leben und unser Bewusstsein prägen. Solche Wucherungen des christlichen Glaubens können einen krank machen und dazu führen, dass wir unter einer Art religiösem Verfolgungswahn leiden.

Jesus erzählt dazu eine Geschichte, das Gleichnis von den anvertrauten Pfunden (Lk 19,12 ff.): Ein reicher Mann muss für längere Zeit ins Ausland. Er ruft drei seiner Angestellten zu sich und übergibt jedem einen Teil seines Vermögens, verbunden mit der Bitte: „Mach was draus! Sorge dafür, dass das, was ich dir anvertraue, gut investiert wird. Und wenn ich wiederkomme, soll es, wenn möglich, mehr geworden sein!"

Der Reiche zeigt mit der Höhe des Vermögens, dass er dem einzelnen Mitarbeiter anvertraut, für wie zuverlässig er diesen hält. Dem ersten, dem er offensichtlich am meisten vertraut, gibt er fünf Zentner Silber (nehmen wir mal an, heute wären das vielleicht fünf Millionen Euro). Offensichtlich hat sich dieser Mann in der Vergangenheit bewährt und gezeigt, dass er auch große und schwierige Aufgaben meistern kann.

Wie uns andere begegnen, was sie uns anvertrauen, hat in der Regel damit zu tun, welche Erfahrungen sie mit uns gemacht haben. Als evangelischer Pfarrer erlebe ich des Öfteren, dass mir wildfremde Menschen, sobald sie merken, dass ich Pfarrer bin, die privatesten Dinge anvertrauen. Sie schätzen einen Pfarrer einfach so ein, dass ihre Sorgen und Fragen bei ihm gut aufgehoben sind. Das Gegenteil geschieht aber auch: Dann werde ich als Klagemauer und Müllhalde missbraucht, bei der die Leute ihren ganzen Frust mit Kirche loswerden wollen. In jedem Fall gehen in dem Moment, wo ich mich als evangelischer Pfarrer oute, verschiedene Schubladen auf, und je nach Einordnung reagiert dann mein Gegenüber entsprechend. Nach wie vor ist es so, dass wir als Pfarrer in der Regel (noch) einen Vertrauensbonus haben.

Zurück zum biblischen Gleichnis: Dem ersten Mitarbeiter werden fünf Millionen Euro anvertraut, er freut sich, nimmt die Herausforderung an und legt gleich los. Er investiert das Geld, treibt Handel und verdoppelt das Vermögen seines Chefs binnen kurzer Zeit. Das Gleiche geschieht durch den zweiten Mitarbeiter, dem der Reiche zwar nicht ganz so viel zutraut, aber immerhin so viel, dass er ihm zwei Zentner Silber übergibt – wieder mit der Bitte: „Mach was draus."

Ich vermute mal, dass die Erfahrungen, die der Chef mit diesem Mitarbeiter in der Vergangenheit gemacht hat, eher gemischt waren. Mal hat es gut funktioniert, wurden die Aufgaben, die man ihm gegeben hat, gut erledigt, und in anderen Fällen gerade mal halbwegs befriedigend. Doch, und auch das ist wichtig: „Der Mensch wächst mit seinen Aufgaben." Hinter den zwei Millionen Euro, die dieser Mitarbeiter anvertraut bekommt, steckt auch die Botschaft: „Ich sehe ein gewisses Risiko, wenn ich dir dieses Vermögen anvertraue, aber ich glaube an dich, ich erkenne in dir noch viel mehr Potenzial, als du vielleicht selber siehst!"

Und auch dieser Mitarbeiter enttäuscht seinen Chef nicht. Ja, er zieht zunächst mit dem ersten Mitarbeiter gleich, wächst dann über sich hinaus und verdoppelt ebenfalls den Betrag, der ihm anvertraut wurde.

Wenn ich einen Geldbetrag innerhalb weniger Wochen oder Monate verdoppeln möchte, muss ich ein gewisses Risiko eingehen. Die beiden Mitarbeiter schätzen ihren Herrn, der ihnen viel zutraut. Und sie tun alles, um dieses Vertrauen nicht zu enttäuschen.

In diesem Gleichnis steht der Reiche für Gott, den Jesus uns einerseits und überwiegend als liebenden Vater vorstellt, andererseits aber auch als einen Herrn, der gewisse Dinge von uns erwartet. Doch er verlangt nichts Unmögliches, er gibt uns Aufgaben, die wir auch bewältigen können.

Nur, wenn ich das glaube und darauf vertraue, kann ich die Gegenwart Gottes als Freiheit und kreative Herausforderung erleben und entsprechend handeln. Wenn ich mich jedoch überfordert fühle und permanent den Eindruck habe, dass ich das, was von mir erwartet wird, niemals erfüllen kann, dann entwickle ich ein Angst machendes Gottesbild. Dann erlebe ich meinen Glauben nicht als befreiend, sondern ich habe Angst, Angst zu versagen, Angst, dem Vergleich mit anderen nicht standzuhalten – letztlich Angst vor der ewigen Verdammnis und Hölle. Dieses „angstbesetzte Christentum" begegnet uns in diesem Gleichnis in der Person des dritten Mitarbeiters. Auch ihm vertraut der Vorgesetzte – immerhin so sehr, dass er ihm eine Million Euro anvertraut. Eine Million Euro, ganz schön viel Geld, doch im Vergleich zum ersten Mitarbeiter nur noch ein Fünftel. Doch das sieht dieser Diener nicht, er weiß vielleicht gar nicht, wie viel die anderen bekommen haben, er sieht nur seinen Teil – eine Million –, das ist für ihn sehr viel Geld. Viel zu viel Geld für ihn und eine unerträgliche Verantwortung.

Vielleicht denkt er sich: „Der Chef sieht etwas in mir, was ich gar nicht bin. Und ich kenne ihn: Er kassiert, wo er nicht gearbeitet hat, und er erntet, wo er nichts gesät hat – das sollen andere für ihn tun. Er möchte am Ende nur zu seinen Gunsten abrechnen!" Dieses Bild von seinem Vorgesetzten prägt sein weiteres Handeln. Der dritte Mitarbeiter hat Angst, etwas falsch zu machen – deshalb macht er aus der einen Million gar nichts. Stattdessen vergräbt er seinen Betrag. Er kommt noch nicht mal auf die Idee, das Geld irgendwie sinnvoll anzulegen, damit wenigstens ein paar Zinsen herausspringen. Die Angst vor einem wütenden und letztlich erbarmungslosen Herrn lähmt ihn und macht ihn handlungsunfähig. Mit dem vergrabenen Geld fühlt er sich halbwegs auf der sicheren Seite.

Welches Gottesbild prägt mein Leben? Wie gehe ich mit dem um, was mir Gott an Gaben und Möglichkeiten anvertraut hat? Vergrabe und verstecke ich mich oder stehe ich auf und wage das Leben? Riskiere ich es, Fehler zu machen, um das, was mir anvertraut wurde, weiterzuentwickeln und größer zu machen? Bin ich frei oder bin ich ein Gefangener meines Glaubens?

Die beiden ersten Mitarbeiter sind frei und voller Selbstvertrauen, weil sie merken, dass ihnen etwas zugetraut wird. Ihr Chef gibt ihnen die Freiheit, ihre Gaben und Fantasie voll einzubringen. Und das, woran sie glauben, begegnet ihnen dann auch – ein Gott, ein Herr, der ihnen Erfolg und Freiheit schenkt. Auch der dritte Knecht begegnet dem Herrn, an den er geglaubt hat: einem strafenden und zornigen Herrn.

Auch hierzu fällt mir noch ein schöner Witz ein: *Ein Mann kommt wider Erwarten in die Hölle und wird von einem Empfangsteufel durch die Hallen geführt. Alles ist so ganz anders, als er sich das bislang vorgestellt hat. Die Atmosphäre ist friedlich, es gibt gemütliche, kommunikative Ecken, es gibt Spielflächen und Begegnungsmöglichkeiten – alles recht angenehm. Nach etwa einer Stunde wird er ein wenig unruhig und fragt den Teufel: „Ja, aber wo ist denn jetzt die richtige Hölle, ich meine – ach, Sie wissen schon…" Der Empfangsteufel nickt wissend: „Ja, ja, ich weiß, was Sie meinen, kommen Sie mal mit!" Und er führt den Mann in eine der hintersten Gassen des Höllenlabyrinths. Schließlich bleiben sie vor einer großen Stahltür mit Guckloch stehen. „Bitte sehr, wenn Sie mal einen Blick hineinwerfen wollen…" Und tatsächlich, da sieht er einen riesigen Raum mit flackernden Feuern, Folterinstrumenten und lautem Wehklagen.*

„Ja, so habe ich mir die Hölle vorgestellt, aber warum gibt es sie nur in diesen Raum?", entfährt es ihm. Darauf antwortet der Teufel schmunzelnd: „Das ist für die Fundamentalisten, die wollen das so!"

Das, was ich sehe, das, was ich erwarte, das begegnet mir. Das gilt nicht nur für den Glauben, das gilt im Grunde für alle unsere Lebensbereiche: So wie ich in die Welt hinausschaue, so begegnet sie mir. Wenn ich morgens aufstehe und mich sofort in schlechte Laune bringe, weil ich keine Lust habe und weil das sowieso wieder ein schlimmer Tag wird, dann muss viel passieren, damit es anders kommt. Jemand, der permanent verstimmt ist, klagt auch andauernd. Das ist ähnlich wie bei einem Instrument: Wenn es nicht wohlgestimmt ist, dann klingt es schief. Deshalb nehme ich mir bei meinen Konzerten immer die Zeit, meine Gitarre gründlich zu stimmen.

Die, die häufiger mit mir unterwegs sind, kennen die folgende Bemerkung gut, die ich dann meistens zum Besten gebe: *„Immer wenn ich neue Saiten aufgezogen habe, ist meine Gitarre verstimmt. Ich kann das gut verstehen, denn früher, wenn mein Vater zu mir sagte: ‚Da müssen wir mal neue Saiten aufziehen!‘, war ich ebenfalls verstimmt.“*

Das Ich kann sich nur dann in seiner ganzen Schönheit entfalten, wenn ich aufhöre zu klagen und die Freiheit entdecke, in die Gott mich hineingestellt hat.

Du stellst meine Füsse auf weiten Raum (Psalm 31,9)

> Du stellst meine Füße auf weiten Raum,
> deine Liebe weitet meinen Horizont,
> kann mich frei entfalten, wie ein schöner Baum,
> der in deinem Lichte wächst, gedeiht, sich sonnt.
>
> Aus der Enge – in die Weite,
> einst Begrenzte, nun Befreite,
> Gott, so kommen wir
> jetzt und hier zu dir.

Von der Lüge – hin zur Wahrheit,
aus dem Trüben – hin zur Klarheit,
Gott, so kommen wir
jetzt und hier zu dir.

Aus dem Lärmen – in die Stille,
aus der Leere – in die Fülle,
Gott, so kommen wir
jetzt und hier zu dir.

Natürlich, wenn aus dem Ich ein riesiges, asoziales Ego wird, dann ist das, sagen wir mal, schade. Aber wenn mein Ich groß wird, in dem Sinne, dass ich mich selbst und die Möglichkeiten, die Gott in mir sieht, mehr und mehr entdecke und entfalte, so ist das doch ein wunderbarer Lebensprozess.

Der Vater sieht seinen Sohn mit all seinen Sehnsüchten und Träumen, mit all seinen Ängsten und Möglichkeiten. Er verliert ihn nicht aus den Augen, auch dann nicht, als er scheinbar unerreichbar ist, sich ganz weit von ihm entfernt hat. Und während er tage-, wochen-, ja vielleicht monatelang steht, wartet und Ausschau hält, verliert er nicht die Geduld. Er schreibt seinen Sohn nicht ab, sondern in ihm wachsen das Gebet und die Sehnsucht nach einem Wiedersehen.

Für mein Gottesbild bedeutet das: Ich bin frei und kann gehen, wohin ich will. Ich darf und werde Fehler machen und weiß dennoch: Ich bin nicht verloren. Ich bin nicht allein – ich werde gesehen, und zwar liebevoll und wertschätzend. Diese Wertschätzung bricht aus dem Vater heraus, als er eines Tages sieht, wie ein Punkt am Horizont immer größer wird, und er mehr und mehr erkennt: Da kommt mein geliebter Sohn, er findet den Weg zurück. Er traut sich nach Hause, nach allem, was er sich geleistet hat, aber er ist demütig und realistisch geworden und hat sich zu einem gereiften Menschen entwickelt. Der Sohn wirft sich seinem Vater zu Füßen und will ihn um Vergebung bitten, doch das lässt der Vater nicht zu, überwältigt von Liebe schließt er sein Kind in die Arme. Keine Vorwürfe – stattdessen feiern sie aus Anlass seiner Rückkehr ein großes Fest.

Ein Fest der Freude für den Herumtreiber, für den, der es doch eigentlich überhaupt nicht verdient hat. Dies ist für mich eine der Schlüsselszenen des Neuen Testamentes: Gott wendet sich mir als liebender Vater zu: Ich bin es wert, ich muss gar nichts mitbringen, ich kann völlig versagen und wie der letzte „Loser" umkehren – er sieht mich an, mit den liebenden Augen des Vaters. Dass der rechtschaffene Sohn, der zu Hause geblieben war und scheinbar sein Leben lang alles richtig gemacht hat, nun fast wie ein Zaungast am Rande steht und die Welt nicht mehr versteht – das ist ein Skandal im Evangelium! Das muss er, das müssen wir aushalten. Das wird uns zugemutet. Wieso wird jetzt hier für diesen Hallodri so ein Aufwand betrieben? Aus Gnade, aus Freude und aus Liebe zu denen, die mühselig und beladen sind.

„Kommt her und atmet alle auf!", hat Jörg Zink einmal übersetzt, und auch für ihn war dieses Fest am Ende der Geschichte vom „Verlorenen Sohn" eines der wichtigsten Bilder des Neuen Testaments: das große Fest der Freude und der Versöhnung, gerade und obwohl wir es nicht verdient haben.

Ich bin der Weg und die Wahrheit und das Leben; niemand kommt zum Vater denn durch mich (Joh 14,6). Jesus eröffnet einen neuen, persönlichen Zugang zu Gott, indem er ihn uns als diesen liebenden Vater vorstellt, der uns liebevoll, sehnsüchtig im Blick hat und an den wir uns im großen Vatergebet wenden können.

Unser Vater im Himmel,
geheiligt werde dein Name.
Dein Reich komme.
Dein Wille geschehe,
wie im Himmel, so auf Erden.
Unser tägliches Brot gib uns heute
und vergib uns unsere Schuld,
wie auch wir vergeben unsern Schuldigern.
Und führe uns nicht in Versuchung,
sondern erlöse uns von dem Bösen.

Denn dein ist das Reich
und die Kraft und die Herrlichkeit
in Ewigkeit. Amen.

Ich will noch einen biblischen Text aus dem Alten Testament zitieren, Psalm 139, der für mich wunderbar spiegelt, wie ein Leben mit Gott aussehen kann:

Herr, du erforscht mich und kennest mich.

Da ist jemand, der sich für mich wirklich interessiert, der meinen Gedanken, Gefühlen, Träumen und Visionen nachgeht und der ergründet, warum ich mich nach bestimmten Dingen sehne, wovor ich Angst habe und was ich mir für die Zukunft erhoffe. Da ist jemand, der mich wirklich kennt!

Ich sitze oder stehe auf, so weißt du es; du verstehst meine Gedanken von ferne. Ich gehe oder liege, so bist du um mich und siehst alle meine Wege.

In allen Lebenslagen ist da eine liebende Grundkraft, die mich begleitet, die meine Bewegungen durchdringt, ja, die ein Teil meines Körpers zu sein scheint. Etwas, das mich umhüllt und jede Regung, jeden Wimpernschlag mitvollzieht. „Vertraut mit all meinen Wegen", hat der Beter vor zweitausend Jahren festgehalten.

Verbunden und durchdrungen von Gottes Liebe. Wie schön wäre es, wenn sie auch mein Denken, Reden und Handeln prägen würde?

Denn siehe, es ist kein Wort auf meiner Zunge, das du, HERR, nicht schon wüsstest.

Es soll Paare geben, die schon lange zusammen sind, die sich des Öfteren gegenseitig die Sätze beenden, weil sie schon alles kennen, was das Gegenüber gedacht und gesagt hat, und die gar nicht mehr damit rechnen, dass der oder die andere vielleicht mal etwas Neues sagen könnte. Doch auch das

Neue, das ich denke, kennt die oder der mich so tief begleitet –
Gott –, denn er ist auch Teil meines Inneren.

Von allen Seiten umgibst du mich und hältst deine Hand über mir.

Ich bin nicht allein, ich bin eingehüllt in Liebe, erfüllt von
Frieden, gebettet auf Wohlwollen. Jemand legt sich fest, legt
seine Hand auf mich, legt seine Hand für mich ins Feuer und
zeigt ganz klar: Er oder sie gehört zu mir.

*Diese Erkenntnis ist mir zu wunderbar und zu hoch, ich kann
sie nicht begreifen.*

Wenn das alles wirklich stimmt, dann sprengt das komplett
den Rahmen dessen, was ich zu denken und glauben vermag.
Wenn es wirklich stimmt, dass der Schöpfer des Weltalls
mich in meiner gesamten Existenz persönlich begleitet und
durchdringt, dann verändert das auch radikal mein Gottesbild.

*Wohin soll ich gehen vor deinem Geist, und wohin soll ich
fliehen vor deinem Angesicht?*

Diese liebende Schöpferkraft ist in mir und um mich, Teil
meiner selbst. Alles, was ich tue, jeder Schritt, den ich gehe, ist
durchdrungen von dieser alles umfassenden göttlichen Existenz. Das macht mir keine Angst, sondern Mut!

*Führe ich gen Himmel, so bist du da; bettete ich mich bei den
Toten, siehe, so bist du auch da. Nähme ich Flügel der Morgen-
röte und bliebe am äußersten Meer, …*

Meine tiefe Sehnsucht danach, allem zu entfliehen, meine
Sehnsucht nach Ferne, nach Neuem, nach Exotischem, nach
Abenteuern, meinen Wunsch zu fliegen und über mich selbst

hinauszuwachsen – all das kennt und begleitet dieser und diese Eine.

... so würde auch dort deine Hand mich führen und deine Rechte mich halten.

Auch das, was ich nicht begreifen kann, wird erfasst von jener starken Hand, die mich geschaffen und in diese Welt gesetzt hat.

Ich werde begriffen
Ich werde durchdrungen
Ich werde gehört
Ich werde begleitet
Ich werde gesehen

Nach Psalm 139

DU BLICKST TIEFER

Unterm Herzen
meiner Mutter
hast du mich
zurechtgelegt.

Dankbar bin ich
für das Wunder,
das sich in
mir kraftvoll regt.

Du blickst tiefer,
vor den Anfang,
weißt um mich
von Anfang an.

Kennst die Zukunft,
kennst mein Leben,
was noch kommt
und werden kann.

Die Gedanken
mitzudenken,
die du denkst,
das kann ich nicht.

Und wenn ich mich
einst verrechne,
zählen kann
ich doch auf dich.

Wie schmerzhaft es sein kann, nicht gesehen oder gar übersehen zu werden, musste ich das erste Mal im Alter von elf Jahren erfahren.

Auf der Hinreise zu unserem zehnmonatigen Aufenthalt in Minnesota (USA) sind wir mit unseren Eltern mit einem der wohl letzten Passagierschiffe von Rotterdam nach New York sieben Tage über den Atlantik gefahren. Für uns Kinder war das ein großes Abenteuer. Es war im August 1970 und ich durfte meinen elften Geburtstag auf dem Schiff feiern. Dieser Dampfer war ein Riesenkasten. Über mehrere Stockwerke verteilt gab es Spielkasinos (in die ich als Knirps natürlich nicht hineindurfte), Bars, Salons, Schmuck- und Kosmetikgeschäfte und prachtvolle Speisesäle zu entdecken. Wie ein riesiges Labyrinth, verziert mit prachtvollen Farben und Lampen, verwandelte sich das Ganze in unseren Kinderaugen zu einem tollen Spieleparadies. Und immer wieder gab es neue Überraschungen und Neues zu entdecken – erst am dritten Abend bemerkten wir, dass ab 23 Uhr noch mal ein großes Büfett aufgebaut wurde, auf das sich die eigentlich gar nicht mehr hungrige Meute begierig stürzte. Alles sah dermaßen lecker aus und roch so verführerisch, dass einem praktisch keine andere Wahl blieb, als mitzuschlemmen. Unsere Eltern ließen uns, ausnahmsweise, bis Mitternacht aufbleiben. Bei einem meiner Streifzüge durch die bisher noch unerforschten Winkel und Gänge dieses Dampfers entdeckte ich ein sehr hübsches Mädchen, in das ich mich Hals über Kopf verliebte. Sie war vielleicht ein oder zwei Jahre älter als ich. Sofort heftete ich mich an ihre Fersen und wollte alles über sie herausfinden: Wo befand sich ihre Kabine? Aus welchem Land kam sie? Wo und wann aß sie mit ihrer Familie zu Mittag und zu Abend? Wo verbrachte sie ihre Freizeit? Ich wollte jedenfalls die ganze Zeit in ihrer Nähe sein. Wenn ich sie dann tatsächlich mal wieder in der Masse der Passagiere entdeckte, war ich glücklich und total aufgeregt. Sie wusste von alldem nichts, nahm mich noch nicht einmal wahr – das war für mich das Allerschlimmste: von einem Menschen, der einem so viel bedeutete, überhaupt nicht zur Kenntnis genommen zu werden. Andererseits wäre ich, glaube ich, zu Tode erschrocken, wenn sie mich plötzlich entdeckt und vielleicht sogar angesprochen hätte. Zum ersten Mal in meinem Leben hatte ich Liebeskummer, lag nachts in meinem Bett wach und dachte an das schöne Mädchen aus Amerika. Dort schien sie zu Hause zu sein, wie ich herausgefunden hatte.

Später widerfuhr mir das immer wieder. Zwischen meinem 11. und 15. Lebensjahr war ich eigentlich ständig in irgendwelche Mädchen verliebt, die mich einfach nicht wahrnahmen oder zumindest so taten, als würden sie nicht merken, dass ich etwas von ihnen wollte. Keinem dieser Mädchen offenbarte ich mich damals – dafür war ich viel zu schüchtern und außerdem hatte ich Angst, ausgelacht zu werden.

Mit 16 verliebte ich mich in ein Mädchen, das zu dem Jahresteam von Schloss Craheim gehörte – und meine Gefühle wurden erstmals erwidert! Das war toll, es war unbeschreiblich, von einem gleichaltrigen Mädchen liebevoll angesehen zu werden. „Du siehst mich!"

Ja, wir haben einander gesehen, oft und regelmäßig, und konnten dann gar nicht voneinander lassen. Wenn wir uns trennten, hatten wir sofort wieder Sehnsucht nach einander. Es war die erste große romantische Liebe, mit viel Händchenhalten und Küssen, mit langen Spaziergängen und mit jenem Baum, in den wir ein Herz mit unseren Initialen ritzten und uns ewige Treue wünschten. Uns das in diesem Alter zu versprechen, haben wir uns nicht getraut – und das war auch gut so. Wir hatten auch keinen Sex, zu behutsam, zu neu, zu respektvoll standen wir dem Wunder unserer Liebe und Freundschaft gegenüber – das wollten wir auf keinen Fall zerstören. Heute würde ich sagen, unsere knapp einjährige Liebe begann symbiotische Züge anzunehmen. Wir trugen dasselbe Bronzekreuz um den Hals (ich war damals seeehhhr fromm) und wir kleideten uns mitunter im Partnerlook. Nach etwa zehn Monaten war ihre Zeit, ihr freiwilliges soziales Jahr, vorbei und sie musste weit weg nach Holland ziehen. In dieser Abschiedsphase sind wir noch einmal gemeinsam ins Kino gegangen und haben uns ausgerechnet die amerikanische Liebesschnulze „Lovestory" angesehen. Anschließend lagen wir einander in den Armen und heulten wie die Schlosshunde, viele Stunden lang.

Wir behielten einander eine Zeit lang im Blick, dann aber verliebte ich mich wieder in ein anderes Mädchen. Ganz anders, ganz neu und wieder voller wunderbarer Gefühle und Überraschungen.

Als der deutscher Dichterfürst Johann Wolfgang von Goethe einmal gefragt wurde, was für ihn die drei wichtigsten Dinge seien, soll er geantwortet haben: „Die Dichtung, die Frauen und der Wein!"

Wenn er aber etwas weglassen müsste, worauf er dann wohl am ehesten verzichten könnte?, wurde er weiter gefragt. Daraufhin soll Goethe gesagt haben: „Auf die Dichtung!"

Und wenn er sich nun entscheiden müsste zwischen den Frauen und dem Wein? Daraufhin erwiderte Goethe schmunzelnd: „Das kommt auf den Jahrgang an!"

Ein anderes Gedicht von Goethe umschreibt die Höhen und Tiefen, die jeder Mensch durchläuft und durchleben muss, um zu reifen und das Leben in seiner Fülle zu entdecken: *Doch solang du das nicht hast, dieses: „Stirb und Werde!", bist du nur ein trüber Gast auf der dunklen Erde.* Ich habe diese Zeilen für einen Songtext verwendet, den ich für einen gelangweilten siebzehnjährigen Teenager geschrieben habe.

TRÜBER GAST

> Langeweile macht sich breit,
> du versinkst in Selbstmitleid,
> bist genervt, blaffst andre an,
> weil du dich nicht leiden kannst.
> Lässt dich gehen, hockst allein,
> lass mal frische Luft herein.
> Keiner kommt mehr an dich ran,
> denn du hast dich abgewandt.

Doch solang du das nicht hast,
dieses: Stirb und werde!,
bist du nur ein trüber Gast
auf der dunklen Erde.

„Trüber Gast"; wer will das sein,
niemand ist doch gern allein,
doch du hängst im Stimmungsloch
und kommst scheinbar nicht mehr hoch.
Doch von selbst passiert hier nichts.
Niemand macht das hier für dich.
Weil nur der, der selbst aufsteht,
seinen Weg auch selber geht.

Denn solang du das nicht hast,
dieses: Stirb und werde!,
bist du nur ein trüber Gast
auf der dunklen Erde.

Dunkle Erde siehst du nur,
von den Farben keine Spur,
weil du nicht verstanden hast,
du bist viel mehr als ein Gast,
bist Gestalter deiner Welt,
bist in sie hineingestellt,
in das Auf und in das Ab,
auferstehe aus dem Grab.

Denn solang du das nicht hast,
dieses: Stirb und werde!,
bist du nur ein trüber Gast
auf der dunklen Erde.

Text: Johann Wolfgang von Goethe, Verse: Clemens Bittlinger

Diesen Songtext habe ich für all jene geschrieben, die vielleicht zum ersten Mal, vielleicht aber auch in einer Art „wiederkehrender Pubertät" auf der Suche nach der eigenen Bestimmung und den eigenen Lebensmöglichkeiten sind. Ich erinnere mich gut an diese Zeit in meinem Leben. Auch als Student hatte ich „matte Phasen", in denen ich ein „trüber Gast" war. Krisen- und Spitzenzeiten gehören einfach zum Leben dazu. Zu den Spitzenzeiten gehören jene Zeiten, in denen wir die Liebe entdecken und pflegen.

Ja, ich hatte eine neue Freundin: Allerdings hatte ich in dieser Zeit auch schon wieder ein anderes Mädchen im Blick. Dieses Mädchen beobachtete ich von fern, wie sie mit ihrer besten Freundin über den Schulhof flanierte – die beiden sahen fast aus wie Zwillinge. Aber wie schon so oft: Sie sah mich nicht.

Irgendwie war ich damals für sie und viele andere Mitschüler vermutlich ein ziemlich komischer Kauz: Ich leitete einen Schülergebetskreis, der sich immer in der ersten Pause traf.

Wir sangen ein Lied, lasen in der Bibel und beendeten unsere Treffen mit einer sogenannten „Gebetsgemeinschaft". Jeder und jede an meiner Schule wusste: „Der Bittlinger ist halt so ein überdrehter Frommer, ein evangelischer Pfarrerssohn." Einer, der schon mal Sprüche wie „Wenn dein Gott tot ist, nimm doch meinen: Jesus lebt!" an das Schwarze Brett der Schule heftete. Bei einigen hatte ich den Spitznamen „Jesus", andere versuchten mich zu hänseln und in die Enge zu treiben, aber manche zollten mir wohl auch klammheimlich einen gewissen Respekt, dass ich mich nicht so schnell irritieren ließ. Ich wusste, dass ich sehr unterschiedlich gesehen und wahrgenommen wurde. Und ich wusste auch, dass mir mein Glaube den nötigen Halt dafür gab, dass ich, im Gegensatz zu vielen anderen, schon im Alter von 15 Jahren eine klare, mitunter vielleicht weltfremde Meinung vertrat. Aber ich vertrat sie und ließ mich nicht beirren.

Mit der wachsenden Distanz zu meinem Elternhaus veränderte sich auch nach und nach mein Glaube. Ich war nicht mehr so fanatisch, ich ließ andere Argumente an mich heran und bemerkte, als einer, der nun allein auf beiden Beinen stehen musste, dass ich es mir vielleicht oft auch zu einfach gemacht hatte. Mit einigen anderen, die wie ich zu Hause schon ausgezogen waren, entwickelten wir einen regelmäßigen Gesprächskreis, jeden Dienstagabend. Es gab Kaffee, Hörnchen und Bier und wir diskutierten über Gott und die Welt. Ich war zunächst der Einzige, der einen christlichen Standpunkt vertrat. Doch dann gesellte sich plötzlich jenes Mädchen, das ich schon so lange aus der Ferne im Blick hatte, zu unserem Kreis. Auf einmal war sie da. Und sie begann zu meiner Freude, mich wahrzunehmen, mich zu sehen. Auch sie vertrat einen, wenn auch katholisch geprägten, christlichen Standpunkt in unseren heißen Diskussionen. Dies hatte für mich durchaus etwas Befreiendes, noch dazu, weil ihre Argumente und ihre Art so entzückend daherkamen. In dieser Zeit passierten sehr viele Dinge gleichzeitig – ich begann das Leben zu entdecken, ich erfreute mich plötzlich einer gewissen Beliebtheit an unserer Schule, ich wurde zum Schulsprecher gewählt und ich begann als freier Mitarbeiter für die örtliche Tageszeitung zu arbeiten. „Der Bote vom Grabfeld" hieß das Blatt. Es fehlte gerade ein Redakteur, sodass ich jede Menge zu tun hatte. Ich bekam für einige Einsätze einen Dienstwagen und eine Dienstkamera – und ich verdiente 20 Pfennig pro Zeile und 7,50 DM für ein Bild. Dies motivierte mich derart, dass ich versuchte, jede auch noch so kleine Vereinsveranstaltung mindestens zu einem zwei-, wenn möglich auch einem dreispaltigen Artikel „aufzupumpen" und dabei mindestens ein Bild unterzubringen. Es gab Abende, da absolvierte ich bis zu fünf Veranstaltungen. Ich war ja „die Presse", und wenn ich sagte: „Wir müssen die Ehrungen und das Foto leider vorziehen, weil ich noch andere Termine habe!", dann wurde das gemacht. Ich hatte mein Foto im Kasten, die schriftliche Tagesordnung der Veranstaltung im Gepäck und vereinbarte jeweils für den nächsten Tag noch ein kurzes Telefonat. Und weiter ging es zur nächsten Veranstaltung. Computer gab es nicht, alles wurde per Hand getippt und dann in der Druckerei im Bleisatz gesetzt. Es gab Zeitungsausgaben, die waren praktisch komplett gefüllt mit Artikeln mit meinem Namenskürzel „cb" und dem Hinweis: „Foto: Bittlinger". Ich wurde auf einmal nicht nur gesehen, sondern auch gelesen. Und ich verdiente allein durch Zeilen- und Fotogeld in manchen Monaten bis zu 1500,– DM. Das war für einen Schüler richtig viel Geld.

Parallel hatte ich begonnen, Gitarre zu spielen und eigene Lieder zu schreiben. Mit 18 Jahren habe ich dann meine erste Schallplatte aufgenommen. Das Cover dieser EP (eine Schallplatte mit vier Liedern) hing plötzlich am Schwarzen Brett unserer Schule. Ein Schulkamerad hatte es sich in den Kopf gesetzt, diese Scheibe an unserer Schule zu vertreiben. Das hat mir natürlich unheimlich Aufwind gegeben. Mehr und mehr begann ich auch öffentlich aufzutreten. Ich wurde auf einmal gesehen, nicht nur von einer wachsenden Öffentlichkeit, sondern auch von *ihr*, der fernen Schönen. Auf einmal gab es mehr und mehr Berührungspunkte: Wir traten gemeinsam bei einer Schuloper mit dem Titel „Der Mann im Mond" auf. Sie spielte die Wirtstochter und ich einen betrunkenen Holzfäller. Ihr Text, an mich gerichtet, war: „Willst was trinken? Wo's doch heut so heiß ist!" Zwei elementare Gesprächsthemen der Menschheit: Essen und Trinken sowie das Wetter.

Damals hatte sie einen festen Freund und ich fand mich damit ab, sie einfach nur sehr nett und äußerst attraktiv zu finden. Es kamen die großen Sommerferien, ich fuhr in die Schweiz zu meinen Eltern und sie (wie ich später erfuhr) mit ihrem Freund in Campingurlaub. Das war mein Glück, denn dort ging die Beziehung der beiden mehr oder weniger auseinander. In jedem Fall tauchte sie nach den Sommerferien zu meinem großen Erstaunen sogar in unserem Schülergebetskreis auf, den es tatsächlich immer noch gab. Aber ich merkte, dass ich diese Veranstaltung nur noch sehr halbherzig betrieb. Sie stieß ebenfalls dazu, als wir als Schüler-Mitverwaltung begannen, einen Aufenthaltsraum für unsere Mitschüler zu gestalten, und sie interessierte sich sogar für meinen Gitarrenkurs, den ich an der Volkshochschule gab. Schließlich wurde es November, bis ich mich, über die Vermittlung einer Freundin, traute, sie anzusprechen. Wir machten einen Spaziergang durch die kühle Novemberluft und beschlossen, es miteinander zu probieren – so nüchtern lief das Ganze von ihrer Seite ab. Ich war verliebt und sie mochte mich, fand mich interessant und konnte sich vorstellen, eine Beziehung mit mir einzugehen und sich mehr und mehr in mich zu verlieben. Das hat mein Leben komplett auf den Kopf gestellt. Plötzlich war ich nicht mehr allein, mein Herz begann wie wild zu pochen. Ich war verliebt, wie beim allerersten Mal, und wir hatten eine gemeinsame Zukunft vor Augen. Das machte mich stark, denn ich wusste, da ist jemand, der sich nach mir sehnt. Jemand, der mich liebt und mich zärtlich umhüllt.

Meine gewohnten Aktivitäten liefen trotzdem weiter: freie Mitarbeit bei der Tageszeitung, Schülersprecher, Gitarrenunterricht, erste Auftritte und natürlich auch die Schule, die ich allerdings nicht besonders ernst nahm. Über den beiden letzten Jahren auf dem Gymnasium stand bei mir tatsächlich imaginär der alte lateinische Satz: „Non scholae sed vitae discimus" – nicht für die Schule, sondern für das Leben lernen wir – ich lernte zu leben und zu lieben. Sicher wurde mein Drang, früh von zu Hause auszuziehen und mein eigenes „Ding" zu machen, von dem tiefen Wunsch genährt, von anderen gesehen zu werden. Ich wollte mich ausprobieren und (auch mir) beweisen, welche Möglichkeiten ich habe und welche Begabungen in mir stecken.

„Du siehst mich." Sie war 17 und ich 19 Jahre alt, als wir uns das erste Mal in die Arme fielen und uns küssten. Seitdem haben wir uns, trotz so mancher Krise, nicht mehr aus den Augen verloren und sind uns einander, neben unseren Kindern, die wichtigsten Menschen geworden. Sie sieht mich, kennt mich wie niemand sonst – und trotzdem liebt sie mich. Das ist zutiefst beglückend und befreiend. Auch nach vielen Jahrzehnten sind wir beide immer noch mittendrin in dem Prozess, von dem Martin Buber einmal gesagt hat: „Am Du reift das Ich."

Ganz dicht (für Rosi)

Ganz dicht
an meiner Seele
hast du
dich festgelegt.
Es lässt sich
kaum verhehlen:
Du hast mich
stark geprägt.
Du hast mich
nicht verlassen,
du lässt mir
keine Ruh,
kann kaum
in Worte fassen:
Ich liebe dich,
mein „Du".

Ganz dicht
an meine Sehnsucht
hast du
ein Zelt gestellt.
Es bietet
eine Zuflucht
in jeder
neuen Welt.

Ein Zelt,
leicht abzubauen,
die Sehnsucht
zieht es fort,
es lässt sich
schnell verstauen
ein Dach
für jeden Ort.

Ganz dicht
an meine Träume
hast du
ein Netz gespannt,
folgst mir
in Zwischenräume
in meinem
Niemandsland.
Ein Netz
mich aufzufangen,
wenn ich
aus Wolken fall.
Im Traumland
noch gefangen,
find ich
dich überall.

Eine Dame aus Berlin besucht zum ersten Mal das Heilige Land
und steht entzückt am See Genezareth. „Wie die Jünger einst,
so will ich mit einem Boot hinausfahren auf diesen See!", denkt
sie und geht zur Kasse eines Bootsbetriebes. „Ich hätte gerne
eine Überfahrt mit der Fähre nach Kapernaum", strahlt sie den
Mann an. „Das macht 30,– Dollar pro Person!", erwidert die-
ser. „Das ist aber sehr teuer!", empört sich die Dame. „Entschul-
digen Sie mal, schließlich wollen Sie über den See fahren, auf
dem der Herr Jesus höchstpersönlich und zu Fuß unterwegs
war", kommt die prompte Antwort. „Ja, zu Fuß ist er gegangen",
so die Touristin. „Das ist ja auch kein Wunder, bei den Fähr-
preisen!"

DER BLICKKONTAKT ZUM PIANISTEN

Ein Mensch, der mich seit über 35 Jahren aufmerksam im
Blick hat, ist der Schweizer Pianist und unser Freund David
Plüss. In der Zusammenarbeit mit ihm sind wunderbare Lieder, Arrangements und Kompositionen entstanden. Lieder, die
zum Teil in millionenfacher Auflage den Weg ins Gemeinde-
liedgut gefunden haben wie zum Beispiel das Abendmahlslied
„Ich bin das Brot". Lieder wie „Jenseits der Zeit" oder Kompositionen zu Perlen des Glaubens wie „Stille sonderbar" oder
„Ich bin ganz gelassen" bringen eine Einheit von Text und
Komposition zutage, so wie es, glaube ich, nur bei Seelenverwandten möglich ist. David hat mich im Blick, nicht nur beim

Komponieren, nein, auch bei jedem unserer rund 3500 Konzerte, die wir in den vergangenen Jahrzehnten geben durften. Immer wieder schaut er aufmerksam zu mir herüber und reagiert geradezu traumwandlerisch auf spontane Abweichungen im musikalischen Ablauf meinerseits. Das gilt im Übrigen für alle meine Mitmusiker wie Adax und Mattl Dörsam, Helmut und David Kandert und viele andere, mit denen ich musizieren darf. Bei David Plüss ist es jedoch etwas ganz Besonderes, wir sind einfach schon sehr lange miteinander verbunden. Manchmal baue ich in einen Konzertabend spontan Songs ein, mit denen er nicht gerechnet hat. Dann drehe ich mich zu ihm herum und versuche ihm anzudeuten, welcher Song jetzt als Nächstes kommen soll. Einmal hatte ich so einen spontanen Einfall, wandte mich ihm zu und rief: „Pilot." So heißt ein Lied, das wir ab und an spielen. David hatte mich offensichtlich nicht verstanden und fragte zurück: „Was?" Daraufhin erwiderte ich noch etwas lauter und wohl leicht genervt (ich hätte mir einen nahtloseren Übergang gewünscht, aber nun sah und ahnte das Publikum wohl, dass wir Verständigungsprobleme hatten): „Pilot!"

David blaffte daraufhin zurück: „Selber Idiot!"

Da musste ich lachen und er auch.

Das gemeinsame Musizieren ist etwas Schönes, äußerst Kommunikatives. Wir sehen und hören einander, wir spüren, wie es groovt. Wenn es nicht groovt, dann spüren wir das natürlich auch, und dann ist es nicht so schön – doch zum Glück groovt es meistens.

David kennt all meine Texte und Zwischenansagen im Schlaf auswendig. Manchmal mache ich mir einen Spaß daraus und breche mitten im Text ab oder mache spontan etwas Neues – dabei merke ich hin und wieder, dass David sich für die eingeplante Zeitspanne meiner üblichen Ansage mal eben in Gedanken komplett verabschiedet hat und ich ihn, auf zugegebenermaßen etwas unsanfte Art, zurück in die Realität des momentan stattfindenden Konzertes hole.

Eines von Davids Lieblingsbüchern trägt den Titel „Bin ich zu laut?: Erinnerungen eines Begleiters" (Gerald Moore). Daraus entstand die Idee für ein Lied, das ich ihm gewidmet habe:

BIN ICH (VIELLEICHT) ZU LAUT? (FÜR DAVID)

Gespannt, meist konzentriert,
schaust du zu mir herüber
und folgst mir Ton für Ton
und das nun schon seit über
fünfunddreißig Jahren,
'ne halbe Ewigkeit.

Wir haben viel erfahren
und sind uns noch nicht leid.

Verträumt und oft verspielt
verzierst du meine Lieder,
was ich im Text gefühlt,
gibt deine Musik wieder.
Du bist nicht nur auf Reisen,
ein Freund, der mich erbaut,
und doch fragst du mich leise:
Bin ich vielleicht zu laut?

Du hast ein Haus erträumt
und endlich deins gefunden,
ich hab mit dir geträumt,
sehr viele Autostunden.
Gedacht, geplant, gelitten,
du warst voller Ideen,
du wolltest leben mitten
in deinem Zofingen.

So manches schwebt dir vor,
du magst die Architekten,
du hast ein offnes Ohr
für alle aufgeweckten
und fleißigen Hausmeister,
du liebst das Altenheim,
bei allen guten Geistern
fühlst du dich wie daheim.

Was haben wir erlebt
auf unsern vielen Reisen.
Wir haben gut gelebt.
Wir trinken und wir speisen
nach dem Konzert sehr gerne,
erschaffen uns dabei
die Heimat in der Ferne,
so sind wir halt, wir zwei!

Verträumt und oft verspielt
verzierst du meine Lieder,
was ich im Text gefühlt,
gibt deine Musik wieder.
Du bist nicht nur auf Reisen,
ein Freund, der mich erbaut,
und doch fragst du mich leise:
Bin ich vielleicht zu laut?

Ich danke unserm Herrn,
dem Geber aller Gaben,
der Schluss soll IHM gehörn,
von dem wir alles haben,
die Texte und die Lieder,
Bewahrung unterwegs,
wir staunen immer wieder,
wie ER uns führt und trägt.

Stört Sie das Kreuz?

Bei einer unserer Tourneen spielten wir in einer kleinen Methodistengemeinde im Züricher Raum. Vorn im Bühnenbereich, nahe dem Altar, stand ein großes Holzkreuz. Beim Aufbauen unserer Tonanlage fragte uns der Pastor: „Stört das Kreuz? Sollen wir es beiseiteräumen?"

Wir antworteten gleich: „Nein, nein es stört nicht – es gehört ja auch dazu!"

Während des Konzertes spielten wir dann ein Lied, bei dem es um die Bedeutung des Kreuzes geht. Wir hatten es gerade für eine CD-Produktion aufgenommen. In meiner Ansage sinnierte ich ein wenig über den Satz: „Stört das Kreuz?"

Ja, natürlich stört es, es ist ja geradezu die Funktion des Kreuzes zu stören: quer, kantig und unübersehbar in dieser Welt zu stehen, als ein Zeichen für die Botschaft Jesu. Und wir erleben gerade in der heutigen Theologie den Trend, dass man die Bedeutung des Kreuzes und der Kreuzesbotschaft gerne an den Rand drängen, ja hier und da sogar am liebsten ganz abschaffen würde.

Doch das Kreuz fängt meinen Blick. Seine Botschaft lautet: Gott hat mich im Blick, und zwar in einer Tiefe und Kraft, die ich nur erahnen kann. Deshalb kann man die zweite Frage des vorangegangenen Dialogs „Sollen wir es beiseiteräumen?" nur mit: „Nein, bitte nicht! Es gehört unbedingt dazu!", beantworten.

Ohne Kreuz gibt es keine Auferstehung und ohne Auferstehung ist der christliche Glaube hinfällig!

Rund um das Reformationsjubiläum 2017 hatte die Evangelische Kirche in Deutschland (EKD) unter dem Motto „Mein Reformationslied" einen Liederwettbewerb ausgeschrieben. Alle Liedermacher und Textautoren wurden aufgefordert, jeweils anonym einen Text für den Bereich „Neues Geistliches Lied" und einen Vorschlag für eine „Choralneuvertextung" einzureichen. Aus rund 200 eingereichten Texten wurden am Ende elf für den Bereich „Neues Geistliches Lied" und zwei neue Texte zu alten Choralmelodien ausgewählt. Zu meiner Freude waren beide Texte, die ich (anonym) eingereicht hatte, dabei. Warum erwähne ich das an dieser Stelle? Nun, einer der beiden Texte, die ich eingereicht hatte, hieß „Dieses Kreuz".

Dieses Kreuz

Dieses Kreuz, vor dem wir stehen,
setzt ein Zeichen in die Welt,
dass sich auch, wenn wir's nicht sehen,
Gottes Geist zu uns gesellt,
uns bestärkt in schweren Zeiten,
trostvoll uns zur Seite steht
und bei allen Schwierigkeiten
unsern Kreuzweg mit uns geht.

Dieses Kreuz, auf das wir sehen,
es erinnert uns daran,
wenn wir denken, wir vergehen,
fallen wir in Gottes Hand.
Solchen Grund kann niemand legen,
niemand stieg so tief hinab,
und am Ende aller Wege
auferstand er aus dem Grab.

Dieses Kreuz will uns beleben,
deutet in die Ewigkeit.
Und im Glauben spürn wir eben
einen Hauch Unendlichkeit.
Nicht der Tod ist mehr das Ende,
es geht weiter, ganz gewiss,
und das Kreuz steht für die Wende,
dass die Liebe stärker ist.

Dieser Text wurde mit allen anderen ausgewählten Beiträgen ins Internet gestellt. Nun konnten sich die Komponisten daran versuchen und jeweils eine Komposition einreichen. Es gab wohl insgesamt 800 Bewerbungen, aber zu keinem Text wurde so viel komponiert wie zu diesem. Was mich wiederum darin bestätigte, dass dieses Thema sehr viele Menschen bewegt und sie eben, gerade auch in der Kunst, das „Thema Kreuz" nicht beiseiteschieben wollen. Absurd war allerdings die Tatsache, dass sich die Jury, trotz der vielen eingereichten Kompositionen, auf keine Melodie zu diesem Text einigen konnte. So wurde der Text in die gemeinsame Liederwerkstatt der EKD und des Deutschen Evangelischen Kirchentags gegeben. Dort entstanden noch einmal 15 sehr unterschiedliche Kompositionen, nur zu diesem Text. Auch eine Komposition von mir und eine von David Plüss waren dabei. Nachdem alle Liedblätter gemeinsam durchgesungen waren, gab es noch einen in der Runde, der ganz schüchtern zu erkennen gab, dass er auch eine Melodie komponiert hätte. Aber die bräuchte er eigentlich gar nicht mehr vorzuspielen, bei so vielen tollen Kompositionen. Dieser eine war Sam Samba, ein junger Schwarzafrikaner, der als Kinderarzt in Tübingen auf einer onkologischen Station arbeitete. Nachdem wir ihn alle wohlwollend ermutigt hatten, griff er zur Gitarre und sang uns seine Version von „Dieses Kreuz" vor. Erstaunt lauschten wir dem gekonnten Gitarrenarrangement und der wunderschönen Stimme von Sam, dankbar erkannte ich die Melodie, nach der wir die ganze Zeit gesucht hatten. Als Sam zu Ende gesungen hatte, war es mucksmäuschenstill. Die eine oder der andere Kirchenmusiker wischte sich verschämt eine Träne aus den Augen – das Lied hatte uns alle berührt –, das war es!

So geschieht es beim Texten und Komponieren – der richtige Text und die passende Melodie kommen zusammen. Dies zu sehen und zu erleben ist für alle Beteiligten immer ein wunderschöner Moment.

Seit meinem 21. Lebensjahr wurde ich alle zwei bis drei Jahre von professionellen Fotografen abgelichtet. Immer, wenn ein neues Soloalbum „auf den Markt" kommen sollte, musste natürlich auch ein neues Cover her. So habe ich eine doch recht lückenlose professionelle Dokumentation darüber, wie sich mein Äußeres in den letzten 35 Jahren entwickelt und entfaltet hat.

„Mensch, bist du's wirklich?", so könnte man diese Bilderfolge überschreiben. Und das war auch der Titel meiner ersten Langspielplatte. Ein junges, engagiertes Grafikerpaar aus Hamburg-Harburg sollte damals mein erstes Cover gestalten. Sie luden mich zu sich nach Hause ein, um ein paar Tage in Hamburg für ein „Covershooting" zu verbringen. Das war für mich total aufregend. Mannomann, so ein Aufwand, nur für die Optik einer CD. Ich fühlte mich geehrt und sehr professionell betreut. Die beiden holten mich am Bahnhof ab und sagten: „Jetzt gehen wir erst einmal einkaufen. Wir brauchen andere Klamotten für dich…" Damit hatte ich nicht gerechnet. Da sah mich jemand plötzlich ganz neu und überlegte sich: „Wie können wir diesen jungen Mann authentisch, frisch und kreativ darstellen?"

Wir kauften eine neue Hose, zwei T-Shirts, ein Hemd und eine weiße Gartenbank. „Die brauchen wir im Fotostudio, da setzen wir dich drauf, machen die Fotos und bringen die Bank dann wieder zurück in den Laden." Die beiden hatten für ihr professionelles Fotostudio außerdem ein großes Tuch in einem grünlich-schwarzen Ton besorgt, das wurde als Hintergrund aufgezogen. Die weiße Bank wurde davorplatziert, ich zog mir ein neues T-Shirt und eine neue Jeans an und setzte mich auf die Rückenlehne der weißen Gartenbank. Meine alten Schuhe behielt ich an. Sie sollten später für viel Erheiterung sorgen, denn sie dominierten irgendwie das Bild. Und dann ging es los: Der Fotograf tänzelte um mich herum, legte sich auf den Boden, kniete sich vor mich hin. „Und immer wieder: Bitte lächeln, bitte jetzt mal hier herüberschauen; jetzt mal den Kopf aufstützen!"

Nach zwei Stunden Fotoaufnahmen war ich fix und fertig – das alles war ganz schön anstrengend. Das Ergebnis waren etwa 400 Fotos, die erst einmal entwickelt werden mussten. Das war damals, im Jahr 1981, richtig aufwendig und teuer. An Digitalkameras dachte noch niemand.

Als die Kontaktabzüge mit den Bildern am nächsten Morgen vorlagen, galt es, die besten Aufnahmen auszuwählen. Das war ganz schön ernüchternd: Es blieben gerade mal zehn bis zwölf Fotos übrig, auf denen ich so wirkte, wie es mir und auch den Grafikern gefiel. Oft waren es bei mir die Augen, die die Aufnahme störten. Es sah so aus, als ob ich die Augen geschlossen hätte, ich schaute nicht in die Kamera, oder wenn, dann mürrisch drein. Auf anderen Bildern saß ich komisch da.

Schon damals ahnte ich, dass es nicht immer leicht sein würde, nicht nur auf den CD-Covern und Plakaten, sondern auch inhaltlich immer und immer wieder den Kopf hinzuhalten.

Bei meiner zweiten Langspielplatte hatten die beiden für den Fototermin eine große Wand ihres Wohnzimmers quietschgelb gestrichen und davor einen grünen Klappstuhl gestellt. „Jeder Mensch braucht einen Menschen" sollte das Album heißen. Diesmal gingen wir nicht vorher zusammen einkaufen, sondern Christina lieh mir ihre schwarze Jogginghose. Dazu sollte ich ein weißes T-Shirt tragen. Die beiden hatten sich mittlerweile selbst eine professionelle Fotoausrüstung zugelegt und die Fotosession fand tatsächlich dort in ihrem Wohnzimmer statt. Es war sehr lustig, wir haben viel geblödelt und gelacht und dabei sind dann auch, wie ich finde, recht fröhliche Fotos entstanden. Christina, Michael und ich, wir waren mittlerweile befreundet, das prägte die Atmosphäre. Bei aller Professionalität war es für mich wichtig zu wissen und zu empfinden: Da ist jemand, der mich mag, der mich schätzt und mich mit einem achtsamen Auge fotografiert.

Zu jedem Album und zu jedem „Covershooting" gibt es eine solche Geschichte und ich habe viel von den beiden gelernt. Als ich später dann mein eigenes Label SANNA SOUND gründete, wusste ich, wie wichtig gute und professionelle Fotos für die Gestaltung eines Covers sind. Seit vielen Jahren begleiten Eri und ihr Mann Georg mit ihren Kameras professionell und liebevoll meine Konzerte. Oft sind die beiden auch bei unseren Studienreisen dabei. So sind in der Westtürkei, in Irland und in Jordanien teilweise geniale Aufnahmen entstanden, die mich zum Teil viel attraktiver aussehen lassen, als ich es tatsächlich bin. Immer wieder fängt Eri bei unseren Konzerten ganz besondere Momente ein, die ich so bei anderen

Fotografen noch nie gesehen habe. Sie kann das, weil sie einfach ein gutes Auge für Situationen und Atmosphären hat. „Du siehst mich!" – das kann sie und das will sie, weil sie mich und meine Lieder schätzt.

DER GÄRTNER

Es gibt Menschen, die sehen, beobachten und beurteilen meine Art zu leben unter einem ganz bestimmten Blickwinkel. Zu diesen Menschen gehört auch ein Gärtner: Gerhard Kissmann. Er ist nun schon über 80 Jahre alt und kann auf ein sehr reiches und abwechslungsreiches Leben zurückblicken. Gerhard schaut, trotz seines hohen Alters, immer wieder mal auch nach unserem Garten, gibt uns Tipps und hilft uns hier und da. Dabei freut er sich, immer noch freundschaftlich „in den Diensten eines Liedermachers zu stehen", denn er war in den 1950er- und 1960er-Jahren der Gärtner des legendären französischen Chansoniers Georges Brassens.

Mehr durch Zufall lernten die beiden sich kennen. 1961 wurde Gerhard Kissmann von einer großen Pariser Galerie beauftragt, im Heimatort von Georges Brassens einen Park anzulegen. In dieser Zeit wohnte er in einem Gasthof, in den immer montags (wenn Ruhetag war) auch Georges Brassens zum Mittagessen kam.

„Da saß ich mutterseelenallein, als plötzlich die Tür aufging und ein Gast zusammen mit seiner Begleiterin den Gastraum betrat. Eigentlich war Ruhetag, so waren wir die einzigen Gäste im Raum. Verwundert erkundigte sich der Mann nach meiner Person, weil doch normalerweise geschlossen war. ‚Was macht der Mann da an dem Tisch, so allein?', fragte er den Wirt. Und dieser erklärte ihm, dass ich ein Landschaftsgärtner sei, der im Auftrag der Galerie Fricker (Paris) zwei Hektar brachliegendes Gelände in einen Park verwandeln soll. Das machte den mir fremden Gast hellhörig und er bat mich an seinen Tisch. Er konnte nur ein paar Brocken Deutsch, ich kaum Französisch, aber seine attraktive weibliche Begleitung konnte sehr gut übersetzen. Wir kamen miteinander ins Gespräch, das darin mündete, dass er mir offenbarte, er habe auch ein Gärtlein. Dieses ‚Gärtlein' entpuppte sich später als ein 13,5 Hektar großes Grundstück. Ich hatte zu diesem Zeitpunkt jedenfalls keinen blassen Schimmer, wen ich da vor mir hatte – und vielleicht war das auch gut so. Denn auf diese Weise konnten wir einander sehr unbefangen kennenlernen. Nach dem Essen lud er mich gleich in sein Haus ein und wollte mir sein Grundstück zeigen. Wir unterhielten uns wieder lange bei einem guten Glas Wein, dann fragte er mich, ob ich Tischtennis spielen könne. Das anschließende Match gewann Georges mit 21:17. Als ich schließlich aufbrechen wollte, zog er einen Zweitschlüssel aus der Tasche und überreichte ihn mir mit den Worten: ‚Mein Haus ist auch dein Haus, du kannst jederzeit kommen und gehen, wie du möchtest!' Ab diesem Zeitpunkt habe ich begonnen, ihm immer nach Feierabend oder in meiner Freizeit in seinem ‚Garten' behilflich zu sein. Georges Brassens liebte es, im Garten zu arbeiten, und ich durfte sein Gärtnerfreund sein und diese Liebe mit ihm teilen! Diese Jahre von 1961 bis 1969 waren die schönste Zeit in meinem Leben. Acht Jahre hat es gedauert, bis ich aus dem Brachgelände der Galerie Fricker einen prächtigen Park gestalten konnte – Jahre, in denen Georges Brassens und ich zu dicken Freunden wurden. Eine Freundschaft, die wir bis zu seinem Tod 1981 intensiv gepflegt haben. Miteinander waren wir auch viel unterwegs."

Die Gespräche mit Gerhard Kissmann sind für Rosi und mich immer etwas ganz Besonderes: Er sieht uns stets mit Blick auf unseren Garten, verbunden mit der Frage „Was gibt es zu tun? Wo kann ich helfen?" – oder: „Da müsste man mal unbedingt was zurückschneiden!"

Ein blinder Mann betritt eine Bar, geht an den Tresen und bestellt sich ein Bier. Nach den ersten beiden Schlucken wischt er sich den Mund ab und ruft zum anderen Ende der Bar: „Hey, Barkeeper, soll ich dir mal einen Blondinenwitz erzählen?"

Plötzlich hört er neben sich eine Stimme: „Blinder Mann, bevor du diesen Witz erzählst, bedenke, der Barkeeper ist zwei Meter groß, Bodybuilder und blond. Auch ich bin zwei Meter groß, Bodybuilder und blond und draußen vor der Tür steht noch ein Türsteher, der ist auch zwei Meter groß, Bodybuilder und blond. Nun überlege dir gut, ob du diesen Blondinenwitz erzählst!" Darauf lächelt ihn der Blinde an und antwortet verschmitzt: „Och, nö, wenn ich den Witz dreimal erklären muss, habe ich keine Lust."

Ich habe gerade getankt, war auf der Toilette und habe mir für die Weiterfahrt noch ein Mineralwasser aus dem Getränkekühlschrank der Tankstelle geholt. Der Kassierer tippt die Nummer der Zapfsäule ein und scannt mein Getränk. Dann kommt unausweichlich die gut trainierte Frage: „Darf es noch einen Kaffee oder ein belegtes Brötchen für unterwegs sein? Wir hätten heute ein Sonderangebot: *Kaffee to go* und eine Butterbretzel für nur ...“

„Nein, danke!“, sage ich und versuche höflich zu bleiben.

Neulich stand ich an der Tankstellenkasse hinter einem gut gekleideten Mitvierziger aus dem Ruhrpott, der mir schon am Kaffeeautomat aufgefallen war, wie er ungeduldig hin und her schaute und mich schließlich fragte: „Gibt es denn hier keine Deckel?“

Als der Mann kurz darauf vor mir an der Kasse stand, hörte ich zwar nicht die Ansage des Kassierers, aber seine ruppige Antwort: „Wenn ich das haben wollte, hätte ich's mir doch genommen oder es Ihnen gesagt, finden Sie nicht?“

Das fand ich einerseits lustig, weil ich das selbst auch schon oft gedacht habe, andererseits fand ich es auch dem Kassierer gegenüber ein bisschen unfair. Denn er hat sicherlich von seinem Chef die Anweisung bekommen, jedem Kunden ein derartiges Zusatzangebot zu machen. Jedenfalls fasste ich mir ein Herz und sprach den Mann an: „Sie kommen bestimmt aus dem Ruhrpott, so wie Sie dem armen Mann an der Kasse geradewegs und ohne Schnörkel die Meinung ‚gegeigt‘ haben.

Aber der gute Mann tut nur seine Pflicht, der hat von seinem Arbeitgeber den Auftrag, diese zugegebenermaßen aufdringliche und überflüssige Frage zu stellen. Der macht das ja nicht aus Jux und Tollerei."

Irritiert schaute mich mein Gegenüber an und fragte zurück: „War denn irgendwas falsch an dem, was ich gesagt habe?"

Daraufhin ich: „Nein, ich habe das Gleiche selbst auch schon oft gedacht und fand es gerade auch irgendwie lustig, dass Sie so grantig reagiert haben. Aber ich finde, manches kann man sich auch einfach nur denken und muss nicht seinem Gegenüber das Leben schwer machen!"

„Versteh ich nich …", sagte mein Gesprächspartner und zog mit seinem Tablett mürrisch ab.

In Gedanken habe ich später unser Gespräch weitergeführt: „Schau mal, du machst an dieser Raststätte Pause, du bist schick gekleidet. Ich vermute mal, du verdienst ziemlich viel Geld. Und nun kommst du an die Kasse zu einem, dem es bei Weitem nicht so gut geht, zu einem, der seine Brötchen hart verdienen muss. Und der muss sich dann von dir auch noch barsche Zurechtweisungen anhören, nur weil er seinen Job macht."

Es geht ein Riss durch unser Land, eine tiefe Kluft zwischen denen, die viel verdienen und ihr Leben frei gestalten können, und denen, die jeden Tag eine Arbeit verrichten müssen, die ihnen nur bedingt Spaß macht und die einen harten Job haben und trotzdem finanziell kaum über die Runden kommen. Wenn wir es nicht lernen, einander besser in den Blick zu nehmen und uns achtsam zu begegnen, wächst die Zahl der zu kurz Gekommenen, der Unzufriedenen und letztlich auch derer, die für rechte Parolen offen sind. Und es war wohl dieser schweigende, über Jahrzehnte gedemütigte Teil einer Bevölkerung, der einen Politiker wie Donald Trump zum Präsidenten der Vereinigten Staaten von Amerika machte!

MENSCHENKINO

Von keinem anderen habe ich so viel über die Beobachtung und „das Sehen" von Menschen gelernt wie von dem Pantomimen Carlos Martinez.

Er ist ein liebenswerter Perfektionist, der alles supergenau in den Blick nimmt und der diese Beobachtungen dann in seinen Stücken akribisch und verblüffend detailliert umsetzt. Vor allem in den 1990er-Jahren haben wir oft zusammengearbeitet und unter dem Motto „Pantomime & Chanson" gemeinsame Konzertprogramme entwickelt und gestaltet, zum Beispiel auch bei mehreren ZDF-Fernsehgottesdiensten und bei den großen Kirchentagen. Höhepunkt dieser Kooperation war das Abendprogramm „Unantastbar" zum Thema Menschenrechte.

Bei den Pantomime-Seminaren, die Carlos als Lehrer gestaltet, zeigt und lehrt er seine Schülerinnen und Schüler vor allem, genau hinzuschauen: Wie öffnet man eine Tür? Wo befindet sich das imaginäre, gerade geschlossene Fenster und wo war noch mal der Fenstergriff? Nur wenn diese Festlegungen genau stimmen, kann eine Pantomime wirklich zu diesem faszinierenden Ereignis werden, bei dem ich vergesse, was Fantasie und was Realität ist.

Besonders in Erinnerung geblieben ist mir ein Stück mit dem Titel „Busstop", bei dem Carlos eine Reihe von Menschen darstellt, die auf einen Bus warten: Im Mittelpunkt der Szene: ein Mann, der einen Pfirsich verzehrt und sich und sein Umfeld dabei vollsabbert. Dieser „Pfirsichgenuss" wird von Carlos wirklich saftig und auch ein bisschen eklig dargestellt – ich sehe den Pfirsich tropfen und spüre den Saft an den Händen und Armen runterlaufen und kleben, obwohl da gar kein Pfirsich ist. Während der Mann enthusiastisch seinen Pfirsich verzehrt und dabei seinem Nachbarn auch noch die Zeitung (in die er mit hineinschauen möchte) vollsabbert, wird ihm von anderer Seite eine Handvoll Vogelscheiße auf die Schulter drapiert, die er abschließend, ohne groß nachzudenken, mit einem Rest des Pfirsichs aufwischt und mit einem großen Happs verzehrt. Dabei zieht es dem Zuschauer regelrecht die Schuhe aus und ein Stöhnen fährt durch das Publikum. Kleinkunst ganz groß.

Carlos habe ich es auch zu verdanken, dass ich den Psalm 23 „Der Herr ist mein Hirte" in der schönen Lutherversion auswendig kann – denn seine wunderbar humorvolle Darstellung dieses alten biblischen Textes ist so pointiert und gelungen, dass er einfach hängen bleibt.

Wann immer ich in einem Café oder an einer Strandpromenade sitze und Zeit habe, die vorübereilenden Menschen zu beobachten, denke ich hin und wieder auch an Carlos und überlege mir, dass er bestimmt an dem einen oder anderen Typus seine wahre Freude hätte.

MENSCHENKINO

Sitze hier im Café Heiner,
meditier den Menschenfluss,
der an mir vorbeizieht.
Es ist einfach ein Genuss,
andern Menschen zuzusehen,
wie sie hetzen, schlendern, stehn.
Lasse einen Film entstehen
von so manchem, den ich seh.

Menschenkino – spielt im Trubel,
Menschenkino – ich und du,
Menschenkino – dort am Rande:
Menschen schauen Menschen zu.

Auf der Party in der Ecke
ist doch stets ein guter Ort,
andre in den Blick zu nehmen.
Es entsteht von dort sofort
eines jener Ratespiele,
das nun fragt: „Was der wohl macht?",
oft verbunden mit dem Ziele,
dass man laut und herzhaft lacht.

Ich mag gern am Strand mich rekeln
und in Meeresweiten sehn
und an jenen herummäkeln,
die an uns vorübergehn.
Tangaslips und Sonnenbrände,
Dicke, Dünne, Alt und Jung.
Dieser Film scheint nie zu enden,
denk ich voll Begeisterung:

Plötzlich meine ich, dass andre
in Gedanken zu mir schaun
und vor ihrem innren Auge
mich in ihren Film einbaun.
Vielleicht seh ich es auch nicht richtig,
vielleicht schaun sie sich auch nur um,
vielleicht nehme ich mich zu wichtig
und sehne mich nach Publikum.

*Man sieht oft etwas hundert Mal, tausend Mal,
ehe man es zum allerersten Mal wirklich sieht.*

Christian Morgenstern

Gemeinsam mit Carlos Martinez haben wir auch verschiedene ZDF-Fernsehgottesdienste gestalten dürfen. In dem Zeitraum zwischen 1990 und 2009 haben meine Musiker und ich u. a. eben auch in Zusammenarbeit mit Carlos etwa zehn Fernsehgottesdienste gestaltet. Es begann damit, dass einer der EKD-Fernsehbeauftragten mich ansprach, ob ich nicht Lust hätte, im Rahmen der ZDF-Fernsehgottesdienste ein neues Format auszuprobieren. Er hatte von unserer Veranstaltungsreihe „Bistro Nachtcafé" gehört, bei der meine Mitstreiter und Mitstreiterinnen und ich gemeinsam mit einem ehrenamtlichen Team vor Ort das jeweilige Gemeindehaus in eine gemütliche Programmkneipe umgestalteten. Mit einer Mischung aus Talkshow, Kleinkunst und kulinarischen Köstlichkeiten wurden jeweils eine Woche lang vor allem kirchlich Distanzierte angesprochen und eingeladen. Das sollte nun auch im Zweiten Deutschen Fernsehen stattfinden. Ich war begeistert dabei. Als junger Liedermacher und Pfarrer wollte ich möglichst viele Menschen erreichen. Die Möglichkeit, im Fernsehen gesehen zu werden, war wie die Erfüllung eines Traumes. Jedoch stellte sich sehr schnell heraus, dass es für die Umsetzung dieses Vorhabens schlicht und ergreifend kein Budget gab. Das aber hätte man gebraucht, wollte man auch nur ansatzweise mit anderen Sendungen und Talkshows konkurrieren. Sogar eine professionelle Maskenbildnerin mussten wir selbst bezahlen. Deshalb haben wir improvisiert und mit „Bordmitteln" und viel ehrenamtlichem Engagement die ersten beiden ZDF-Bistrogottesdienste vorbereitet.

Der erste hatte als Thema: „Infit – Outfit – was hat die Art und Weise, wie ich mich kleide, mit meiner inneren Befindlichkeit zu tun?" Als Bibel- und Predigttext habe ich die in diesem Buch ausführlich beschriebene Geschichte vom Propheten Samuel und der Salbung Davids gewählt: „Der Mensch sieht, was vor Augen ist, Gott aber sieht das Herz eines Menschen an!" Aus meinem Bekannten- und Freundeskreis hatte ich ganz unterschiedliche Persönlichkeiten eingeladen: einen jungen Punker mit wildem Irokesenschnitt, den ich einmal beim Trampen mitgenommen hatte. Eine Modeschneiderin, die sehr auf ihr meist selbst entworfenes Outfit achtete, und meinen Schwager, der Birkenstocksandalen und Wollsocken trug und behauptete: „Ich mache mir nichts aus Mode, bequem muss es sein!" Und den langhaarigen Sänger einer Hardrockband, der mit Kuhjacke und Lederhose begleitet wiederum einen ganz anderen Standpunkt vertrat.

Das Echo auf diese erste Sendung war vielfältig. Zunächst einmal: Wir wurden gesehen, wir hatten etwa eine Million Zuschauer! Einer hieß Jürgen Fliege und wir kamen auf diese Weise in Kontakt. Er war in den 1990er-Jahren der evangelische Pfarrer, der mit Abstand die größte Fernsehpräsenz hatte. Fünfmal in der Woche sendete das ARD von 16 bis 17 Uhr seine Talkshow „Fliege". Es gab über 1000 Folgen und er war so beliebt, dass er sogar einen „Zuschauer-Bambi" verliehen bekam. Jürgen lud mich ein, ihn einmal in München auf dem Bavaria-Filmgelände zu besuchen. Eine Einladung, die ich mit Freuden annahm. Gemeinsam mit seinem Freund Johannes C. Weis hatte er die Firma Teletime gegründet, die sich in einem großen, eigenen Gebäude mit Studio mitten auf dem Bavaria-Filmgelände befand. Hier gab es alles, wovon ich mit Blick auf die Produktion einer Sendung träumte, hier wurde richtig professionell ein „kirchlich angehauchtes" Programm für ein größtenteils säkulares Publikum gemacht.

Wie erbärmlich erschien dagegen unser Versuch eines Fernsehgottesdienstes im Talkshowformat.

Trotz allem, gesehen wurden wir auch von einem Redakteur des Wochenmagazins „DIE ZEIT". Im Feuilleton der Ausgabe vom 9. September 1994 wurde unser „Gottesdienstexperiment" immerhin mit einer dreispaltigen Fernsehkritik gewürdigt. Da war u. a. zu lesen: „Im ZDF-Fanzine hatten sie für 9.30 Uhr eine neuartige ‚talkshowähnliche' Form von Gottesdienst unter dem Titel ‚infitoutfit' angekündigt. Das hatte Sound. Und das protestantische Raving… kam doch besser als erwartet. Fest umklammern musste man sein Gläschen Zuckerwasser, so pophomiletisch ging Pfarrer Clemens Bittlinger zur Sache. Seine Kunst der Schriftauslegung war die des Gottschalk, des Meiser, der Kiesbauer und des Lindenau." Zumindest war es kein kompletter Verriss, sondern der Artikel hatte einen gewissen anerkennenden Grundton. „Verrissen" wurde unsere Sendung dann vier Monate später bei einer Expertentagung zu dem Thema „Die Fernsehsesselgemeinde" ausgerechnet von dem ZDF-Redakteur, der diesen Fernsehgottesdienst mitbetreut und verantwortet hatte – das fand ich ziemlich feige und illoyal. Ich spürte sehr bald, dass meine Fernsehpräsenz, so sporadisch sie auch gewesen sein mochte, für mich immer auch ambivalent und mitunter sehr aufreibend war. Meine Frau sagte mir neulich: „Immer, wenn etwas Größeres im Fernsehen anstand, warst du kaum wiederzuerkennen, es hat dich wahnsinnig beschäftigt und mehr in Besitz genommen, als es für dich und uns gut war!"

Und trotzdem war es für mich stets ein tolles Erlebnis, wenn ich einen dieser großen Fernsehgottesdienste (mit)verantworten durfte, wenn aus einer Idee und einem Manuskript schließlich Realität wurde und das Wochenende näher rückte, an dem die Generalprobe und am nächsten Tag die Liveübertragung stattfanden. Zu sehen, wie ein ganzer Tross von Technikern und Übertragungswagen in Gang gesetzt wurde, um meine Idee umzusetzen, hat mich fasziniert. Dabei hatte ich stets den Anspruch, frei vor der Kamera zu agieren, zu singen und zu predigen, denn ich wollte gesehen werden – und ich wollte, dass die Zuschauer den Eindruck hatten, dass ich sie ansehe. Dass dies funktionierte, zeigte eindrücklich die Flut an Zuschriften und Telefonanrufen.

Neben den Fernsehgottesdiensten gestalteten wir in Folge auch eine Osterrocknacht für den Fernsehsender RTL, bei dem u. a. der damals noch gänzlich unbekannte Politiker Cem Özdemir (DIE GRÜNEN) mitwirkte. Für diese Veranstaltung entstand auch das Lied „Aufstehn, aufeinander zugehn", das sich in der Folge zu einem Ohrwurm entwickelte.

Als Liedermacher und Buchautor habe ich bestimmt bei etwa 40 verschiedenen Fernsehsendungen mitgewirkt – vom „ZDF Weihnachtsspecial" über das ZDF Mittagskonzert, „Immer wieder Sonntags" bis hin zur „ARD-Wunschbox".

Ich habe es genossen, „im Fernsehen" zu sein. Ich wurde gesehen – auch von meiner Familie.

Einmal hatte ich einen Auftritt im ZDF-Mittagsmagazin. Die Moderatorin begrüßte mich: „Herr Bittlinger, Sie sind ja Liedermacher und auch Pfarrer …" – da drehte sich unsere damals siebenjährige Tochter zu meiner Frau um und fragte ganz erstaunt: „Ist der Papa Pfarrer?"

Gemeinsam mit meinem Freund Hartmut Engler war ich auch in der Johannes-B.-Kerner-Show zu Gast. Allerdings war das ein Auftritt, der bei mir eher einen schalen Nachgeschmack hinterließ, denn ich hatte den Eindruck, der Moderator sieht mich gar nicht und hört mir auch nicht wirklich zu, denn während ich ihm antwortete und die Kamera auf mich gerichtet war, sortierte er seine Moderationskarten und schaute nach der nächsten Frage.

Den peinlichsten Moment gab es bei einem ZDF-Fernsehgottesdienst: Die Kamera war auf mich gerichtet, als ich, weil ich gleich etwas sagen musste, meinen Kaugummi aus dem Mund nahm und unter der Kirchenbank platzierte. Das konnte man 1:1 im Fernsehen beobachten, denn wir sendeten ja live – du siehst mich!

Wie schnelllebig und im Grunde undankbar das Medium Fernsehen jedoch ist, kann man u. a. auch daran erkennen, wie zügig der fast zehn Jahre lang äußerst erfolgreiche Jürgen Fliege plötzlich aus dem Rennen war und danach in diesem Medium keinen Fuß mehr fassen konnte. „Aus den Augen, aus dem Sinn!", muss man leider sagen, denn wie kann es sonst sein, dass der 2016 verstorbene langjährige Fernsehpfarrer Jörg Zink weder in den aktuellen Nachrichtensendungen noch im Jahresrückblick auch nur mit einer Silbe erwähnt wurde?

Der Lügenreflex

Bis auf die Straße standen die Leute Schlange vor der besten Bäckerei im Ort. Da ich für unser Frühstück frische Brötchen holen wollte, blieb mir nichts anderes übrig, als mich ganz hinten anzustellen und wie alle anderen geduldig darauf zu warten, bis ich an der Reihe war.

„Du hast doch Zeit, du bist nicht auf der Flucht, und es sind ja auch noch jede Menge Brötchen da", beruhigte ich mein ungeduldiges Herz. Während ich wartete, hatte ich natürlich Zeit, mich umzuschauen und die Leute vor und hinter mir in Ruhe zu betrachten: nörgelnde Kinder, genervte Eltern, stumm vor sich hin starrende Singles. Dann bemerkte ich eine ältere Dame, die sich, mit ihrer großen Handtasche bewaffnet, an der Schlange vorbei ins Innere des Ladens mogelte und so tat, als wolle sie nur mal schauen, „was so im Angebot ist". Dann stellte sie sich vier oder fünf Warte-Positionen vor mir neben eine Familie, sprach die Kinder an und scherzte mit den Eltern. Langsam schob sie sich auf diese Weise weit vor mir in die Warteschlange.

„Jetzt bin ich mal gespannt, ob sie das wirklich durchzieht", dachte ich bei mir. Ganz ehrlich: Ich finde es viel anstrengender, mich selbst derart nach vorn zu drängeln und so zu tun, als hätte ich da schon die ganze Zeit gestanden, als mich einfach hinten anzustellen und zu warten, bis ich drankomme. Und ich bin schon erstaunt, wie manchen Zeitgenossen eine derartige Empfindung scheinbar völlig abgeht. Frei nach dem Motto: „Wenn jeder an sich denkt, ist auch an alle gedacht!"

Hätte die Dame mich gefragt: „Entschuldigen Sie, ich habe es leider ein wenig eilig, denn meine fünfjährige Enkelin wartet allein zu Hause…", dann hätte sie an meine Großzügigkeit appelliert und ich hätte sie, natürlich erst nach Rücksprache und mit dem Einverständnis der Wartenden hinter mir, sicherlich vorgelassen. Doch so, wie die Dame sich gerade verhielt, baute sie dreist auf unsere Gutmütigkeit, Trägheit oder Feigheit, etwas zu sagen.

Als sie sich vollendet in die Reihe gemogelt hatte, sprach ich sie laut, aber höflich an: „Bitte, entschuldigen Sie, würde es Ihnen etwas ausmachen, wenn Sie sich, wie alle anderen, am Ende der Warteschlange anstellen würden?"

Was geschieht, wenn wir jemandem zeigen, dass wir genau sehen, was er oder sie tut? Dass wir genauso wie sie wissen, dass es nicht okay ist, wie er oder sie sich verhält.

Wie reagiert ein Mensch, den wir auf frischer Tat ertappt haben?

So banal das Geschehen auch sein mag, das Muster ist meistens dasselbe. Anstatt zu sagen: „Okay, Sie haben recht, da haben Sie mich aber erwischt, ich wollte es halt mal probieren, denn die Schlange ist so ätzend lang!", und anstatt einfach zuzugeben, dass wir uns falsch verhalten haben, reagieren wir patzig, aggressiv und lügen.

Die ältere Dame schaute mich jedenfalls leicht irritiert an, fing sich aber sofort wieder und behauptete: „Was erlauben Sie sich, ich stehe hier doch schon lange an!" Das war glatt gelogen, wegen nichts und wieder nichts.

Warum tun wir Menschen das, warum lügen wir in solch einer einfachen Situation? Ich denke, weil wir uns nicht gern bloßstellen lassen. Wir möchten gern die Fassade des Rechtschaffenen aufrechterhalten und unser Stolz erlaubt es schon gar nicht, dass wir uns da von irgendjemandem an den Karren fahren lassen. Dieses Verhalten, dieser Reflex begegnet uns bereits in der Urgeschichte von Adam und Eva. Auch da spielt die Schlange, in diesem Fall aber eine echte Schlange, eine wichtige Rolle. In beiden Fällen jedoch verführt die Schlange (auch die Warteschlange) dazu, sich nicht korrekt zu verhalten.

Gott, der Schöpfer, stellt Adam und Eva den Garten Eden, das Paradies, zur freien Verfügung. Es gibt nur eine einzige Einschränkung: Mitten im Paradies steht ein Baum und der Schöpfer gibt dafür eine Warnung aus: „Bitte nicht von diesem Baum essen, sonst werdet ihr sterben!"

Es war ein schöner Baum, mit verlockenden Früchten. Eva sieht das!

Überhaupt spielt das Sehen und Gesehenwerden in dieser alten mythologischen Erzählung eine wichtige Rolle. Und nun kommt die Schlange ins Spiel. Sie wird als „listiger" als die anderen Tiere bezeichnet. Sie steht für eine Stimme in unserem Kopf, die sich immer dann meldet, wenn unsere Neugier oder unsere Experimentierfreude ins Spiel kommt. Die Schlange mag keine Verbote, keinen verschlossenen Türen und auch keine Warteschlangen, bei denen man sich hinten anstellen muss. Die Schlangenstimme provoziert und lockt uns: „Sollte Gott wirklich gesagt haben, dass wir nicht von allen Bäumen im Garten essen dürfen?", oder: „Wer sagt denn, dass auch ich mich hinten anstellen muss, das wollen wir doch erst einmal sehen …"

Die Schlangenstimme tut ja so, als ginge es nicht nur um einen Baum, sondern sie kehrt die Perspektive um, sie stellt das ganze Paradies infrage. Das durchschaut Eva noch und antwortet ihr: „Doch, doch, wir dürfen von allen Bäumen und Pflanzen essen, nur eben von diesem einen nicht, weil wir sonst sterben werden."

„Mitnichten werdet ihr sterben!", entgegnet die Schlangenstimme. „Ganz im Gegenteil: Ab dem Moment, in dem ihr von dieser Frucht esst, werdet ihr sehen. Ihr werdet das sehen, was Gott sieht, ja ihr werdet sein wie Gott – selbstbestimmt."

Nun will ich das Beispiel mit der Frau, die sich da in der Warteschlange vorgedrängelt hat, nicht überstrapazieren, aber geht es bei ihrem Verhalten letztendlich nicht um Autonomie, ein bisschen „allmächtig sein"? „Ich kann doch machen, was ich will, ich bin klüger als die anderen und nicht so blöd, dass ich mich hinten anstelle."

Die Verlockung ist sicherlich da.

Und auch Eva lässt sich überreden, glaubt der gut gemachten Werbung: „Wenn du in dieses Auto steigst, wirst du grenzenlose Freiheit erleben!", oder: „Wenn du in diese Eiscreme beißt, wirst du zum schwarzen Panter, erfährst du ein ganz wildes Geheimnis!" So funktioniert die Werbung, ganz oft ist sie nichts anderes als die kleine Schwester der Schlangenstimme. Und da in der biblischen Geschichte Adam gleich neben ihr steht, sucht sie sich in ihm direkt einen Verbündeten – denn dann wiegt die eventuelle Verfehlung nicht ganz so schwer. Frei nach dem Motto: „Ich bin ja nicht die Einzige, die das tut…" Das denkt sich im Übrigen auch die Dame, die sich in der Warteschlange nach vorn mogelt und eine andere Familie involviert, die sich dann nicht traut, die „freundliche Dame" wieder nach hinten zu schicken. Schließlich hat sie doch gerade so nett mit den Kindern geplaudert.

Adam und Eva essen schließlich von der Frucht. Die erste Reaktion: Sie schämen sich, sie merken, dass sie ihre Unschuld verloren haben, und sehen einander nackt. Natürlich waren sie das die ganze Zeit, aber auf einmal mögen sie es nicht mehr. Adam und Eva – Mann und Frau schämen sich, verhüllen sich voreinander und verstecken sich vor Gott, während Gott, der Herr, im kühlen Abendwind durch den Garten zieht und seine Menschen nicht (mehr) finden kann.

In dem Moment, als ich die Frau in der Warteschlange laut, aber freundlich ansprach, habe ich sie natürlich auch ein bisschen bloßgestellt. Dass sie sich deshalb geschämt hat, konnte ich nicht erkennen. Aber ich vermute, dass es so war, denn sie verließ nach ihrer kurzen, lügenhaften Entgegnung irgendetwas murmelnd den Bäckerladen.

Sicher hat sie sich auch über mich und über die ganze Situation geärgert, sonst hätte Sie sich vielleicht doch noch mit einem „Sie haben ja recht" fröhlich hinten angestellt.

MENSCH, WO BIST DU?

Gottes Geist zieht
durch den Garten,
spürt: Die Kälte,
sie nimmt zu.
Gottes Geist sucht
uns im Garten
und fragt: Mensch,
wo bist du?

Gottes Geist hört
unser Reden,
hört die Härte,
sie nimmt zu,
Gottes Geist lauscht
einem jeden
und fragt: Mensch,
wo bist du?

Wo bist du?
Wo bist du?
Gott ist auf der Suche:
Mensch, wo bist du?

Gottes Geist kennt
unser Denken,
weiß, wir grübeln
immerzu.
Gottes Geist will
uns beschenken
und fragt: Mensch,
wo bist du?

Gottes Geist sieht
unser Handeln,
sieht die Lähmung,
sie nimmt zu.
Gottes Geist will
uns verwandeln
und fragt: Mensch,
wo bist du?

Wo bist du?
Wo bist du?
Gott ist auf der Suche:
Mensch, wo bist du?

In diesem Liedtext und in der biblischen Geschichte wird Gott oder der Geist Gottes sehr menschlich dargestellt. Man kann es sich richtig gut vorstellen, wie er da sehnsuchtsvoll umherzieht und seine Geschöpfe sucht. Gott ruft den Menschen, sein Gegenüber. „Adam" ist kein Name, sondern bedeutet schlicht und ergreifend „Mensch".

Gott ruft: „Mensch, wo bist du?", und Adam antwortet: „Ich hörte dich im Garten und fürchtete mich, denn ich bin nackt, deshalb habe ich mich versteckt!"

Ein seltsamer Dialog: Mit dem Schritt in die Autonomie entsteht die Angst. Angst, etwas falsch zu machen, Angst, andere zu verlieren, komplett zu versagen – letztlich die Angst, zu sterben. Und warum fürchtet der Mensch sich plötzlich vor Gott, nur weil er nackt ist? Er war es doch die ganze Zeit! Es ist wohl die Wirkung der Schlangenstimme. Sie stellt uns bloß und macht uns verletzlich.

Und Gott antwortet: „Wer hat dir gesagt, dass du nackt bist?"

Er sagt also nicht: „Aber, aber, lieber Adam, vor mir musst du doch keine Angst haben …"

Er sagt das nicht, weil es zum einen nicht stimmen würde – es ist durchaus angebracht, vor Gott eine gewisse Ehrfurcht zu zeigen –, und zum anderen, weil das Problem ja viel tiefer liegt: Adam hat sich mit Eva weit aus dem Fenster gelehnt und nun sieht er Dinge, die er vorher gar nicht wahrgenommen hat. Plötzlich wird manches zum Problem.

Solch ein Verhalten kann man bei Jungen und Mädchen, die in die Pubertät kommen, sehr gut beobachten. Auf einmal entwickeln sie eine Befangenheit, schließen die Badtür zu, verkriechen sich in ihrem Zimmer. Das ist gut und notwendig. Es braucht solche Rückzugsräume, wenn man plötzlich zutiefst verunsichert ist. Wie in der Pubertät.

Wie sehe ich mich selbst und wie werde ich gesehen? Diese Frage spielt in diesem Alter eine herausragende Rolle.

Gott deckt das Fehlverhalten auf: „Du benimmst dich deshalb so komisch, lieber Mensch, weil du mein Gebot nicht befolgt hast, weil du von dem Baum gegessen hast, vor dem ich dich und Eva gewarnt habe."

Wie die ältere Dame in der Schlange vorm Bäckerladen greift Adam zur Lüge.

Er lügt seinen Schöpfer an und sagt: „Ich habe mich versteckt, weil ich nackt bin!" Anstatt es frei heraus zuzugeben: „Okay, ich habe deine Anweisung nicht respektiert!" Und als Gott diese Lüge aufdeckt, übernimmt Adam immer noch keinerlei Verantwortung. Er verlagert die Schuld und lenkt Gottes Blick auf Eva – „... die hat mich überredet".

Als der Schöpfer Eva daraufhin zur Rede stellt, schiebt diese es wiederum auf die Schlange: „Die hat mich verführt und betrogen, dass ich so gehandelt habe."

Auch das hätte die Frau im Bäckerladen sagen können: „Die lange Schlange hat mich verführt zu schummeln!"

Gott sieht mich, so wie ich bin.

Das schließt ein, dass er immer wieder auch enttäuscht ist vom Menschen, den er als sein „Ebenbild" geschaffen hat. Im Alten Testament wird berichtet, dass der Schöpfer des Himmels und der Erde dermaßen wütend über das Verhalten des Menschen ist, dass er beschließt, einzugreifen. Im ersten Buch Mose (Gen 6–8) lässt er die Menschheit in einer Sintflut untergehen. Die Erzählung macht deutlich: Dieser Gott ist verletzlich, hat Gefühle, zeigt seine Wut und bereut schließlich seinen Entschluss, die Menschheit zu vernichten. Diese Erzählung von der Sintflut und der Arche Noah gibt letztendlich Antwort auf die sehr häufig gestellte Frage: „Warum lässt Gott Leid und Schrecken zu?"

Der Mensch hat einen freien Willen, er entscheidet. Und Gott lässt manches geschehen, weil er diesen freien Willen erkennt und respektiert – auch um den Preis, dass Leid geschieht. *Und der HERR sprach in seinem Herzen: Ich will hinfort nicht mehr die Erde verfluchen um der Menschen willen; denn das Dichten und Trachten des menschlichen Herzens ist böse von Jugend auf. Und ich will hinfort nicht mehr schlagen alles, was da lebt, wie ich getan habe. Solange die Erde steht, soll nicht aufhören Saat und Ernte, Frost und Hitze, Sommer und Winter, Tag und Nacht* (1. Mose 8,21 ff.).

Den Regenbogen haben die Menschen damals als ein Zeichen Gottes für einen neuen Bund mit den Menschen gedeutet. Der Schöpfer sieht uns zwar eher pessimistisch – „Das Dichten des menschlichen Herzens ist böse von Jugend auf" –, aber er hält am Menschen fest und wird nicht mehr strafend eingreifen, solange die Erde in ihrer jetzigen Gestalt existiert. Deshalb freue ich mich immer, wenn ich einen Regenbogen sehe, denn er sagt mir: „Da ist ein Gott, der mich sieht – mit liebenden Augen – so wie ich bin." Und er erinnert mich an meine Aufgabe und die Verantwortung, die ich habe: sorgsam und nachhaltig mit seiner guten Schöpfung umzugehen – und gerade auch im Fremden, im Flüchtling und jedem, der Hilfe sucht und braucht, ein von *ihm* angesehenes und geliebtes Menschenkind zu sehn.

SIEH IM FREMDEN DAS VERTRAUTE

Sieh im Fremden das Vertraute,
sieh im Dunkeln schon das Licht,
in Ruinen: einst Erbautes,
schaue hin, verschließ dich nicht.

Hör im Fremden das Gewohnte,
hör, wie schön die Sprache klingt,
überall wo Menschen wohnen,
gibt es manchen, der auch singt.

Spür im Kalten auch das Warme,
glaube, dass die Liebe siegt,
öffne, öffne weit die Arme,
spüre, wie die Seele fliegt.

Sieh im Fremden den Bekannten,
sieh dich selbst in fremder Haut,
alle Menschen sind Verwandte,
sind aus Sternenstaub gebaut.

„Du bist ein Gott, der mich sieht!"

Was geschieht, wenn uns von absolut zuverlässiger Stelle Dinge versprochen und zugesagt werden, die dann doch nicht eintreffen? Was geschieht, wenn jemand sich in einem Betrieb jahrelang aufopfernd engagiert und dabei immer wieder signalisiert bekommt: „Bei der nächsten Beförderung stehen Sie ganz oben auf der Liste!" – und letztlich dann aber doch wieder übergangen wird? Ganz klar, das ist frustrierend und in keinster Weise motivierend. Was geschieht, wenn sich zwei Menschen verlieben, als Paar zusammenbleiben und eine Familie gründen möchte, dann aber feststellen: „Wir können keine Kinder bekommen"? Sie werden nach Alternativen suchen, denn darauf ist ihre Zukunftsvision angelegt: Wir wollen nicht nur für uns da sein, wir wollen gemeinsam mit unseren Kindern als Familie die Zukunft gestalten.

Nun gab es und gibt es viele Möglichkeiten. Von der künstlichen Befruchtung bis hin zu Adoption kann man alles Erdenkliche versuchen, um diesem Ziel näher zu kommen.

„Lass mich an dich glauben, wie Abraham es tat. Was kann dem geschehen, der solchen Glauben hat…", haben wir früher in unseren Jugendgottesdiensten gesungen. Ich reibe mir immer ein wenig verwundert die Augen, wenn ich mir heute die überlieferten Geschichten aus dem Alten Testament vergegenwärtige. Da wurde es mit ehelicher Treue oder gar mit irgendwelchen Moralvorstellungen, wie sie uns heute geläufig sind, nicht so genau genommen. Aufgrund einer Hungersnot begeben sich Abram und Sarai als Paar nach Ägypten, wo sie gewissermaßen als „Gastarbeiter" unterkommen wollen. Sarai, die Frau von Abram, muss sehr schön gewesen sein. So schön, dass Abram Angst hatte, dass er von den Ägyptern aus dem Weg geschafft werden könnte, damit seine Frau wieder zu haben wäre. Deshalb bat er Sarai, sich dort in der Fremde als seine Schwester auszugeben, damit die Mächtigen des Landes keinen Grund hätten, ihm nach dem Leben zu trachten. Sollten sie sich in Sarai verlieben, wäre sie dann ja nur seine Schwester und alles wäre in Ordnung.

Es kam, wie es kommen musste: Der Pharao verliebte sich in Sarai und holte sie in seine Gemächer. Abram wurde im Gegenzug vom Herrscher Ägyptens gut versorgt und bestens mit Kamelen, Eseln, Dienern und Sklaven ausgestattet. Das Ganze liest sich heute, 3500 Jahre später, mit Befremden. Aber natürlich war all dies moralisch nicht in Ordnung. Das bekam der Herrscher Ägyptens schnell zu spüren: Ein Unglück nach dem anderen ereilte die Familie des Pharao, der eine Zeit lang brauchte, bis er begriff, was da gespielt wurde. Nun könnte man meinen, dass ein Despot, der von seinem Volk wie ein Gott angebetet wurde, in solch einer Situation sehr hart und zornig reagieren würde. Doch, vielleicht um Sarais willen, ist er mild und verständnisvoll gestimmt. Fast sachlich fragt er Abram: „Warum hast du mir (und dir) das angetan? Warum hast du nicht gesagt, dass sie deine Frau ist?" In jedem Fall müssen die beiden sofort samt ihrem Klan das Land verlassen und werden dabei sogar eskortiert. Doch zurück zu den unerfüllten Versprechen und dem Kinderwunsch. Abram und Sarai hatten die Zusage und die Verheißung Gottes, dass ausgehend von ihrer Familie ein riesiges Volk entstehen würde. Diese Prognose wurde ihnen vor der Zeit in Ägypten von einem Boten Gottes gegeben und dieses Versprechen wurde nach ihrem Aufenthalt im Land des Pharaos nochmals zweifach erneuert. Aber Fakt war: Sarai konnte keine Kinder bekommen – also wie sollte das möglich sein? Wie sollte diese Prognose, die ja zweifellos von höchster Stelle kam und in keinster Weise anzuzweifeln war, Realität werden?

Nachdem sie nun auch schon wieder zehn Jahre im Land Kanaan gelebt hatten, wurde Sarai ungeduldig. Aus diesem Grund kam Sarai auf die Idee, der Verheißung Gottes mit einer Art „Leihmutterschaft" nachzuhelfen. Aus Ägypten hatte sie Hagar, eine recht ansehnliche Bedienstete, mitgebracht. Sarai machte Abram den Vorschlag: „Schau mal, irgendwie kann ich keinen Sohn gebären. Nimm doch meine Magd Hagar, geh mit ihr ins Bett und schau, ob wir auf diese Weise einen Sohn bekommen können." Wer wollte den beiden verdenken, dass sie allmählich ungeduldig wurden? Da gab es auf der einen Seite diese Verheißung: Ihr werdet den Grundstock für ein riesiges Volk legen, und auf der anderen Seite passierte einfach überhaupt nichts! Doch Ungeduld ist selten ein guter Ratgeber.

Ich kenn ein Land ...

Ich kenn ein Land, da braucht man Zeit
und manchmal eine Ewigkeit.
In diesem Land kommst du zur Ruh,
schaust amüsiert dir selber zu,
wie du getrieben und gehetzt
dich ständig selber überschätzt.

Ich kenn ein Land, da braucht man Zeit.
Gerade dann, wenn alles schreit:
„Das muss jetzt ganz schnell irgendwie ..."
Dann kannst du leise dorthin fliehn,
du atmest ein und atmest aus,
in diesem Land bist du zu Haus.

Ich kenn ein Land, da gibt man acht,
dass man die Dinge langsam macht.
Und Sätze wie: Nun los, zack, zack!,
die bringen dich dort aus dem Takt,
der dich in neue Bahnen lenkt
und der dir innre Ruhe schenkt.

Ich kenn ein Land, das provoziert,
jeden, der stramm, hoch motiviert
ganz schnell ein Ziel erreichen will,
dem ist dies Land zu lahm und still,
doch mittendrin im Stress-Tumult
gibt es dies Land, es heißt: Geduld.

Sicher kennen Sie diesen schwedischen Möbelhersteller, der auch den handwerklich Unbegabten auffordert: „Probier's doch einfach mal selber!" Als Studenten haben wir in dieser Ladenkette gerne preisgünstig eingekauft, die Einzelteile in unseren Kombi geladen und später nach oben in die Wohnung getragen. Jetzt musste man das Ganze nur noch schnell aufbauen, und fertig war die neue Wohnidylle. Auch in diesem Fall war die Ungeduld ein extrem schlechter Ratgeber. Es war ratsam, erst einmal alle Teile auszupacken und zu sichten: Sind alle benötigten Teile da? Wo sind die Vorder- und Rückseiten? Wo muss geschraubt, wo gedübelt und wo genagelt werden? Wo sind die Schrauben? Wo sind die Dübel? Und wo sind die Nägel? Welches Werkzeug brauche ich wofür?

Und man war gut beraten, sich die Gebrauchsanweisung in aller Ruhe durchzulesen und dabei vor allem die vorgegebene Reihenfolge zu beachten.

In der Regel sind wir den Aufbau der Möbel nicht so ruhig und systematisch angegangen, wie es eigentlich notwendig gewesen wäre. Nach dem Motto: „Ja, ja, ich weiß schon, wie das geht!", wurde erst mal losgelegt und so „Pi mal Daumen" aufgebaut und losgeschraubt. Erst, wenn der Aufbau ins Stocken geriet, man sich nachdenklich am Kinn kratzte und dachte: „Irgendwas stimmt hier nicht …", wurde in die Bedienungsanleitung geschaut. Und siehe da: Meist hatten wir etwas übersehen, einen Aufbauschritt übersprungen!

Und ganz schnell wurde aus dem „Mal eben schnell ein Regal aufbauen" ein längerer Prozess, der Nachmittage und Abende füllte und die Werbeslogans des Möbelherstellers von „Wohnst du noch oder lebst du schon?" in das Lebensgefühl „Wohnst du schon oder schraubst du noch?" verwandeln konnte.

Dazu mal wieder ein kleiner Witz: *Papst Franziskus, ein Student und der CSU-Aufsteiger Markus Söder sitzen in einem Flugzeug. Plötzlich meldet sich der Pilot: „Liebe Fahrgäste, in Kürze werden wir abstürzen, bitte schnallen Sie sich einen der bereitliegenden Fallschirme um und springen Sie raus. Leider haben wir nur zwei Fallschirme im Gepäck!"*

Spricht's und entschwindet mit dem Schleudersitz.

Markus Söder zögert keinen Augenblick, schnappt sich mit dem Ausruf: „Ich bin wichtig!", eines der Bündel und springt ins Freie. Papst Franziskus wendet sich an den Studenten: „Mein Sohn, du hast dein Leben noch vor dir. Nimm du den verbleibenden Fallschirm, ich falle in Gottes Hand!"

Darauf erwidert der Student: „Das ist nicht nötig, Heiliger Vater, Herr Söder ist mit meinem Schlafsack gesprungen!"

Ich bin relativ oft in der Schweiz. Zum einen sind mein Vater und seine jetzige Frau Schweizer Staatsbürger und zum anderen stammt mein langjähriger musikalischer Begleiter und Freund David Plüss ebenfalls aus der Schweiz. Dort laufen viele Dinge anders als bei uns. Die Schweizer sind vielleicht etwas behäbiger, aber auch viel geduldiger. Zur deutschen Mentalität passt sehr gut der Lieblingsspruch meines Musikerfreundes, des Gitarristen Adax Dörsam: *Ein Mann kommt in einen Spielzeugladen und ruft: „Ich hätte gerne ein Geduldsspiel, aber zack, zack!"*

Und zur Schweizerischen Grundmentalität passt, finde ich, ganz gut folgende Tatsache: Das bekannteste, deutsche Brettspiel heißt „Mensch ärgere dich nicht!" – in der Schweiz gibt es genau dasselbe Spiel, aber dort heißt es „Eile mit Weile".

In den ersten Jahren unserer gemeinsamen Konzerttätigkeit machten wir so manchen kapitalen Koordinationsfehler. So sollte zum Beispiel bei größeren Tourneeprojekten, bei denen man mit verschiedenen PKWs unterwegs ist, allen der Weg zur Unterkunft, zum Veranstaltungsort oder zu sonstigen Treffpunkten klar sein. Sonst gibt es Probleme, wenn man sich unterwegs verliert – zumal es damals noch keine Navis gab …

Einmal hatten wir in einem kleinen Ort in Unterfranken ein gemeinsames Konzert mit dem Flötisten Hans Jürgen Hufeisen und der Gospelsängerin Pat Garcia. Nach dem

Konzert wollten wir noch „schnell mal" irgendwohin zum Essen fahren. Ich nahm Pat und David in meinem Wagen mit und Hans Jürgen sollte hinterherfahren. Neben mir saß Pat und hinten im Auto saß David. Ich brauste los und vergaß dabei, darauf zu achten, ob Hans Jürgen auch wirklich hinter mir blieb. Plötzlich hatten wir ihn verloren. Ich fuhr zurück, dann verschiedene Alternativstrecken auf und ab und wartete schließlich nach etwa einer Stunde „wilden Hin- und Herirrens" völlig entnervt an jener Kreuzung, an der wir ihn offensichtlich verloren hatten. Plötzlich erklang vom Dunkel der Rückbank die Stimme Davids: „Langsam ist manchmal schneller." Sprach's und verstummte wieder. Dies sollte der erste einer langen Reihe von „davidianischen Weisheitssprüchen" sein. So weit der kleine Exkurs zum Thema Geduld.

Wer konnte es Sarai verdenken, dass sie, die potenzielle Ur-Mutter des Volkes Israel, nach den vielen, vielen Jahren beharrlichen Wartens ein wenig ungeduldig wurde und sicherlich auch ein wenig verzweifelt war. Auch Abram kamen wohl allmählich Zweifel, ob das alles tatsächlich noch etwas werden könnte. Deshalb willigte er in den Vorschlag seiner Frau Sarai ein, mit der ägyptischen Magd Hagar ein Kind zu zeugen, und schlief mit ihr. Hagar wurde bald darauf schwanger. Als Sarai merkte, dass ihre Magd so mir nichts, dir nichts schwanger wurde, war sie natürlich eifersüchtig und hochempfindlich. Und sicher fand es Hagar schön, auf diese Weise gewissermaßen den Platz ihrer Herrin einzunehmen. Im 1. Buch Mose (Gen 16,4) lesen wir, dass Hagar, als sie merkte, dass sie schwanger war, anfing, ihrer Herrin nicht mehr in dem Maße unterwürfig zu sein, wie man es von einer Magd normalerweise erwartete.

Irgendwie verständlich, war sie doch nun die Garantin für den lang ersehnten Nachwuchs. Hagar wusste sehr wohl, welche Bedeutung sie und ihr zu gebärendes Kind für Sarai und Abram hatte. Der Konflikt war vorprogrammiert: Als Sarai anfing, Hagar zu schikanieren und zu demütigen, floh diese in die Wüste.

Wohin kann ich fliehen, wenn ich nicht weiterweiß? Der Liedermacher Gerhard Schöne hat diese Frage in einer sehr schönen Choralneuvertextung aufgegriffen:

Wo soll ich fliehen hin,
wenn ich mir selbst nichts bin?
Fühl ich mich überflüssig,
des Lebens überdrüssig,
dann möcht ich mich verkriechen,
nichts sehen, hören, riechen.

Meist geht mein Tageslauf
in Arbeit völlig auf.
Ich lass mich schieben, lenken,
nur um nicht nachzudenken.
Mein ganzes Interesse
ist, dass ich mich vergesse.

Ich hab Paris gesehn,
Venedig und Athen.
Ich jage über Pisten
mit anderen Touristen.
Und wenn ich wiederkehre,
bleibt dennoch eine Leere.

Wer weiß noch einen Trip?
Wer hat noch einen Tipp?
Womit ich mich aufs Neue
betäube und zerstreue.
Bin nicht in mir zu Hause.
Funkstille. Sendepause.

Leer sind die Batterien.
Ich hab es satt zu fliehn.
Komm zu mir, Herr des Lebens,
dass ich nicht leb vergebens.
Mach mich und andre Leichen
zu deinem Lebenszeichen.

Gerhard Schöne

Wo ist mein Brunnen in der Wüste, mein Ort der Begegnung, zu dem ich mich flüchten kann, wenn mir das Leben zu eng und zu stressig wird?

Ein Ort der Zuflucht ist für mich mein Zuhause. Dann, wenn mir die Arbeit über den Kopf wächst, ist es gut zu wissen: Es gibt einen Ort, da kann und darf ich sein, da leben meine Lieben, da gibt es eine kleine Sauna, einen dänischen Bollerofen und einen gut gefüllten Weinkeller. Dort kann ich mich entspannen oder spontan jemanden anrufen und mich mit Freunden treffen.

Aber manchmal braucht es auch andere Perspektiven, wenn mir eben auch dieses Zuhause zu viel wird. Wenn ich merke, wir tun uns gerade nicht gut, wir gehen uns auf die Nerven und drehen uns im Kreis. Für uns als Familie sind immer wieder gemeinsame Reisen und Urlaube notwendige und heilsame Fluchten gewesen. Nicht so, wie Gerhard Schöne das in seinem Lied beschreibt, sondern eher als Zeiten, in denen wir die neue und fremde Umgebung genutzt haben, auch neu zueinanderzufinden.

Als unsere Kinder eineinhalb und viereinhalb Jahre alt waren, sind wir für vier Monate nach Berkeley (Kalifornien) in ein altes viktorianisches Holzhaus gezogen. Davon hatte ich schon erzählt. Wir merkten damals, dass wir dringend Zeit für uns als Familie brauchten. Fernab von aller deutschen Hektik haben wir dann wirklich ganz neu zu uns selbst gefunden.

Bis heute ist es so geblieben: Urlaube und „Verreisen" sind lebensnotwendige Zeiten, in denen wir einander neu begegnen, viel miteinander spielen, kochen, am Strand spazieren und einfach Zeit füreinander und uns selbst haben.

Zurück zur biblischen Geschichte: Die Flucht von Hagar hat auch etwas Stolzes, etwas Eigensinniges. Sie signalisiert: So lasse ich nicht mit mir umgehen, lieber fliehe ich, egal wohin. Frei nach dem Motto der Bremer Stadtmusikanten: „Etwas Besseres als den Tod finden wir überall!", macht sie sich auf den Weg, durch die Wüste hin zu einem Brunnen, den sie kennt. Sie weiß von einer Oase, zu der sie sich und ihr ungeborenes Kind retten kann. Und dort findet sie der Engel des Herrn. Hagar ist nicht auf der Suche nach Gott, sondern sie wird in ihrer Not und Verzweiflung von Gott gefunden.

Es gibt auch in unserer Zeit solche Orte, an denen wir vielleicht in besonderer Weise von Gott neu angesprochen werden. Pater Anselm Grün, mit dem ich seit vielen Jahren eng verbunden bin, leitet in seinem Kloster in Münsterschwarzach zusammen mit anderen Brüdern eine Rückzugsstätte für „ausgebrannte" Priester und Pfarrer. Pfarrer sind Menschen, an denen sich andere orientieren, von denen sie sich Leitung und Vorbild erwarten. Sie sind in besonderem Maße gefährdet, irgendwann auszubrennen, weil die Last der Erwartungen hoch ist und immer mehr von ihnen gefordert wird. Wie gut ist es dann, wenn es einen solchen Ort, z. B. ein Kloster, gibt, wo wir neu auftanken können. Und wo vielleicht das Wunder geschieht, dass wir von Gott neu gefunden und vom Macher zum Beschenkten werden.

Der Engel spricht Hagar als diejenige an, die sie ist: „Hagar, Sarais Magd, woher kommst du?" Wie heilsam kann es sein, dass mir jemand diese Frage stellt: „Woher kommst du?" Welche Geschichte, welche familiären Verhältnisse, welche Einflüsse, berufliche und persönliche Entscheidungen in der Vergangenheit haben dich an den Punkt gebracht, an dem du heute stehst?

„Woher kommst du?" ist eine therapeutische und zugleich auch eine sehr pragmatische Frage, sie fordert mich zur Bestandsaufnahme auf: Welche Faktoren bestimmen mein Leben? Wie sehe ich mich selbst und wie werde ich von anderen gesehen?

Wenn ich mir diese Fragen wirklich gründlich stelle, werde ich über kurz oder lang neue Facetten an mir entdecken und lernen, mich mehr und mehr zu verstehen. Dabei werde ich vermutlich auch feststellen, dass ich bislang die eine oder andere Wahrnehmungsstörung hatte. Dass ich manches plötzlich in einem anderen Licht sehen kann, wenn ich mich meiner eigenen Wahrheit stelle. Welche Rolle spielen zum Beispiel die Prägungen, die mir meine Eltern mit auf den Weg gegeben haben? In welche Rollenmuster verfalle ich, wenn ich in bestimmte Situationen gerate? Handle ich dann so, wie es meine Eltern mir vorgelebt haben? Habe ich vielleicht die gleichen Ticks und Marotten wie sie? Und gestehe ich mir dies auch ein? Wenn ich mir diese und andere Fragen stelle, kann ich ein heilsames Gespräch mit mir selbst beginnen.

Ich denke, wir schenken dieser Frage „Woher komme ich?" in unserem Leben viel zu wenig Beachtung. Auch dann, wenn Christen unterschiedlicher Prägung aneinandergeraten, kann es hilfreich sein, zu klären: „Woher komme ich?" Mit welchen Gottesbildern bin ich groß geworden? Hat der Titel dieses

Buches „Du siehst mich" für mich etwas Befreiendes oder etwas Bedrohliches?"

Wenn wir das geklärt haben, werden wir hoffentlich barmherziger miteinander umgehen und vielleicht wirklich ins Gespräch kommen. Es hat noch nie dümmer gemacht, die Meinung eines anderen zu hören. Der Managementtrainer Jens Corssen hat den Satz geprägt: „Jeder Mensch hat innerhalb seines eigenen Angst- und Denksystems recht!" – das hat etwas Befreiendes.

Es lohnt sich, die Geschichte der eigenen Familie zu betrachten und die Tatsache ernst zu nehmen, dass bestimmte Entwicklungen und vielleicht auch Traumata, die lange zurückliegen, auch Auswirkungen auf meine Existenz im Hier und Jetzt haben. Welche Werte haben mir meine Eltern vermittelt? Eltern, die als Kinder noch das Dritte Reich und die Schrecken des Zweiten Weltkrieges erleben mussten: Welche Ängste hatten sie, die ich als Kind wahrgenommen habe und nun unbewusst in mir trage? Welche Träume und unerledigte Aufgaben der Generationen vor mir habe ich als Erbe mitbekommen, ohne dass ich mir dessen wirklich bewusst bin?

Dass da Faktoren und Kräfte an mir zehren, von denen ich nur sehr wenig weiß, merke ich oft spätestens dann, wenn ich immer und immer wieder in dieselben Fallen tappe. „Wir sind Fallensteller und wir sind die Beute", singt der Rockpoet Heinz Rudolf Kunze in einem seiner Lieder.

„Wo kommst du her?" beinhaltet aber auch eine Mahnung: „Vergiss nicht, wo du herkommst!" Verleugne deine Wurzeln nicht, denn sonst wirst du am Leben verzweifeln und deinen eigentlichen Platz nicht finden!

Ein Freund von mir stammt aus einer sehr einfachen Familie und wuchs in einem Dorf auf. Später gingen wir gemeinsam aufs Gymnasium, er studierte Jura und ist heute ein erfolgreicher und angesehener Anwalt in einer größeren Stadt. Bei ihm erlebe ich es als sehr heilsam, dass er sich nicht nur zu seinen Wurzeln bekennt, sondern sie sich sogar immer wieder neu bewusst macht. Das hilft ihm auf sehr angenehme Weise, geerdet oder, um ein biblisches Wort zu benutzen, „demütig" zu sein.

Der Engel stellte der Ägypterin Hagar noch eine zweite, grundlegende Frage: „Wo willst du hin?"

„Wo will ich hin? Wo möchte ich in fünf Jahren sein? Was ist meine Sehnsucht? Was sind meine beruflichen Wünsche und Ziele? Wohin soll die Reise gehen?"

Die Beantwortung dieser Fragen fällt je nach Alter und Lebenssituation sehr unterschiedlich aus. Als Paar mit Anfang 30 hätten wir gesagt: Wir wollen eine Familie gründen, ein Haus kaufen und unser Berufsleben so gestalten, dass wir ein gutes Auskommen haben. Bei mir schwang, wenn ich solche Überlegungen anstellte, immer auch die Frage mit: „Wo kommst du her?"

Mit meinen Eltern sind wir als Familie quasi ständig umgezogen – allein in der Grundschulzeit musste ich viermal die Schule wechseln. Wir haben in drei Bundesländern gelebt: Rheinland-Pfalz, Niedersachsen und Bayern. So etwas wollte ich uns als Familie auf jeden Fall ersparen.

Als Paar stellten wir irgendwann fest, dass die Erotik ziemlich auf der Strecke geblieben war und wir mehr oder weniger wie Brüderchen und Schwesterchen zusammenlebten. So geht es, denke ich, vielen Eltern. Die Kinder spielen eine immer wichtigere Rolle in ihrem Leben – und man muss bewusst wieder neu zueinanderfinden, ein Liebespaar bleiben. Für uns als Paar, das drohte im Ehealltag und „Kleinklein" unterzugehen, haben wir damals die Weichen neu gestellt und uns einmal in der Woche Zeit genommen, miteinander auszugehen. Ein Babysitter hat derweil auf unsere Kinder aufgepasst, während wir einander Raum geschenkt haben, um uns selbst neu in den Blick zu nehmen: Wo wollen wir als Paar, als Familie hin? Das war eine unserer wesentlichen Fragen. Und wichtig war uns dabei, dass wir nicht über die Kinder, sondern vor allem über uns gesprochen haben.

„Wo willst du hin?", oder anders gefragt: „Wo musst du hin?" – diese Frage prägt unser Leben viel stärker als wir denken. Als ein reisender Sänger, der Jahr für Jahr bundesweit rund 100 Konzerte gestalten darf, ist diese Frage gewissermaßen mein permanenter Begleiter. Ich habe eine wunderbare und sehr gewissenhafte Freundin und Mitarbeiterin, die alle organisatorischen Dinge für mich koordiniert und mir dann jeweils zwei Tage, bevor ich auf Reisen gehe, die nächsten vier Veranstaltungsorte und die jeweiligen Hotels mitteilt, in denen wir dort untergebracht sind. Ich schaue mir dann immer neugierig im Internet die Homepages der jeweiligen Hotels an – und oft wird dann aus einem „Da muss ich hin" auch ein fröhliches „Da will ich hin!". Natürlich will ich grundsätzlich überallhin, wo man mich einlädt. Doch manchmal wird die Vorfreude auf die Begegnung und einen geplanten Auftritt durch einen besonders schönen Ort, ein angenehmes Hotel noch mal verstärkt. Von Zeit zu Zeit kommt es aber auch durchaus vor, dass ich mir Fotos einer Unterkunft anschaue und feststelle: „Da will ich nicht hin!" Dann rufe ich meine Mitarbeiterin an und bitte sie, die Unterkunft abzusagen. „Da will ich hin!" – dies von ganzem Herzen sagen zu können ist wichtig, denn die Freude verleiht uns bildlich gesprochen Flügel. Jeder und jede kennt dieses Gefühl: spätestens bei der Planung des nächsten Urlaubs. Wir wälzen Kataloge und Reiseprospekte, malen uns aus, wie es dort sein könnte. Und wir überlegen, ob wir dort einige Zeit verbringen wollen.

Während ich diese Zeilen schreibe, sitze ich in einem viktorianischen Holzhaus in Balmain, einem Stadtteil von Sydney. Da wollte ich schon immer mal hin. Der fast 24 Stunden dauernde Flug nach Australien und der damit einhergehende Jetlag hatten meine Frau und mich bislang davon abgehalten, die Reise zu unternehmen.

Die Tatsache, dass ich nun doch am anderen Ende der Welt gelandet bin, hängt schlicht und ergreifend mit einer Einladung der deutschen lutherischen Gemeinde in Sydney zusammen, die ihr 150-jähriges Bestehen u. a. mit einem Konzert begehen möchte. Als mich die Anfrage des örtlichen Pastors erreichte, musste ich unwillkürlich schmunzeln, denn ich wusste gleich: „Da will ich hin!" Über *Airbnb* haben wir dann eine sehr schöne Unterkunft gefunden und mein Sydney-Konzert mit einem 16-tägigen Aufenthalt in der schönsten Hafenstadt der Welt verbunden.

Diese beiden grundlegenden Fragen des Engels, der Stimme Gottes, signalisieren vor allem eines: Hier schaut jemand genau hin! Hier begrüßt dich jemand nicht oberflächlich, sondern möchte dir wirklich begegnen und einen Prozess in Gang bringen.

Im Grunde verläuft ja jedes gute Gespräch mit einem Menschen, auf den ich mich einlassen möchte, nach diesem Muster. Wir erzählen einander, woher wir kommen, was wir in den letzten Wochen und Monaten gemacht haben. Wir lassen einander ausreden und geben einander Raum. In einem zweiten Schritt kommen dann vielleicht unsere Pläne, unsere Ziele, aber auch unsere Ängste und Nöte ins Gespräch. Eine gute Begegnung mündet letztendlich in der beglückenden Erfahrung, dass wir einander inspirieren und vielleicht sogar Ideen beisteuern, wie das eine oder andere Ziel zu erreichen sein könnte.

Die ganze spätere Geschichte des Volkes Israel, der Exodus, der Auszug aus Ägypten, die 40 Jahre in der Wüste und der Traum von einem „Land, in dem Milch und Honig fließt" ist geprägt von diesen beiden Grundfragen: „Wo kommst du her?" und „Wo willst du hin?".

Das sind auch die beiden Standardfragen, die jeder Flüchtling, der in einem anderen Land Asyl beantragt, beantworten muss. Viele antworten derzeit auf die Frage: „Wo willst du hin?" mit „Deutschland!". Wir leben in einem begehrten Land und nehmen selbst oftmals nicht richtig wahr, wie gut wir es eigentlich haben. Viele, die aus Syrien, Afghanistan und dem Irak zu uns kommen, sehnen sich nach ihrer Heimat zurück, dorthin, wo sie ihre kulturellen und religiösen Wurzeln haben. Sie bringen aber auch die Bilder und Erfahrungen von Krieg, unfassbarem Elend und Zerstörung mit. Und sie wissen: „… dorthin können und wollen wir nicht zurück!" Deswegen ist die Frage „Wo willst du hin?" für viele Geflüchtete gar nicht so einfach zu beantworten.

Der Engel hilft Hagar, wieder einen klaren Kopf zu bekommen. Sein Rat an sie: „Kehre wieder dorthin zurück, wo du hergekommen bist, bleibe auf dem Boden der Tatsachen und sei demütig!" Besinne dich auf das, was du hast, auf deine Aufgabe, dieses Kind zur Welt zu bringen!

Das gilt auch für uns: Es nützt nichts, wenn wir die Aufgaben, die vor uns liegen, die Verantwortung, die uns auferlegt wurde, einfach beiseiteschieben und sagen: „Jetzt mache ich was ganz anderes! Ich habe zwar einen Mann und zwei Kinder, aber jetzt denke ich nur noch an mich und wandere allein aus." Das wird nicht funktionieren, Flucht ist (hier) keine Lösung!

Auch Hagar weiß das, dass sie zu Sarai und Abram zurückkehren muss. Doch dann geschieht noch etwas Unglaubliches. Hagar erhält von Gott die gleiche, großartige und umfassende Verheißung für sich und ihren Sohn, wie sie auch Sarai und Abram gegeben wurde: *Ich will deine Nachkommen so mehren, dass sie der großen Menge wegen nicht gezählt werden können. Weiter sprach der Engel des HERRN zu ihr: Siehe, du bist schwanger geworden und wirst einen Sohn gebären, dessen Namen sollst du Ismael nennen; denn der HERR hat dein Elend erhört. Er wird ein wilder Mensch sein; seine Hand wider jedermann und jedermanns Hand wider ihn, und er wird wohnen all seinen Brüdern zum Trotz* (1. Mose 16,10 ff.).

Bitter ist der Auftrag des Engels an Hagar: zurückzukehren in die Verhältnisse, die sie aus gutem Grund hinter sich gelassen hat. Zurück in die demütigende Existenz einer Sklavin. Doch sie weiß nun, dass sie und ihr Sohn eine gute Zukunft haben werden – dass ihr Sohn einmal frei sein wird. Sie macht die Erfahrung, dass Gott sie und ihre Situation umfassend wahrnimmt. Das ist für sie eine so grundlegende, überraschende und beglückende Botschaft, dass es geradezu aus ihr heraussprudelt: *Du bist ein Gott, der mich sieht. ... Gewiss hab ich hier hinter dem hergesehen, der mich angesehen hat.*

Der Brunnen wurde später „Brunnen des Lebendigen, der mich sieht" genannt (1. Mose 16,13f).

Du siehst mich

> Bei dir bin ich angesehen,
> wie mich sonst niemand ansieht,
> und du wirst auch zu mir stehen, selbst wenn
> mancher die Hand mir entzieht.

Bei dir fühl ich mich verstanden,
du bist das ganz große Ohr.
Ich komm dir niemals abhanden,
ich weiß: Kein Ton geht bei dir verlorn.

Du siehst mich, mein Gott,
und du hörst mich,
du nimmst mich wahr.
Egal, was ich auch tu,
du bist mir nah.
Du kennst mich, mein Gott,
und du hältst mich,
bist für mich da,
egal was ich auch tu,
du bist mir nah.

Du bist der Brunnen des Lebens,
Quelle, die niemals versiegt,
hast mir zu trinken gegeben und schenkst
Leben, das neu und bunt sprießt.

Hoffnung, ich kann sie nun schöpfen,
denn ich weiß: Du bist mir nah,
sorgst dich um deine Geschöpfe, ja das
ist mir inzwischen längst klar.

Du siehst mich, mein Gott,
und du hörst mich,
du nimmst mich wahr.
Egal, was ich auch tu,
du bist mir nah.
Du kennst mich, mein Gott,
und du hältst mich,
bist für mich da,
egal was ich auch tu,
du bist mir nah.

„Du siehst mich!" Die heidnische Sklavin gibt dem Gott der Juden einen Namen. Das missbrauchte Mädchen macht die beglückende und stärkende Erfahrung: Gott ist der, „der mich sieht"! Mit dieser Gewissheit kann sie zurückkehren zu Abram und Sarai und ihren Sohn Ismael gebären. Das Leben von Hagar und ihrem Sohn Ismael bleibt unruhig, aber sie weiß sich nun getragen und begleitet von einem Gott, der sie umfassend wahrnimmt und der weiß, was er ihr zumuten kann. In der christlichen Verkündigung führt diese starke Frau bislang eher ein Schattendasein – oder anders gesagt: Sie kommt so gut wie gar nicht vor. Im Brief an die Galater (4,22 ff.) stellt der Apostel Paulus die Personen Sarai und Hagar einander gegenüber: *Denn es steht geschrieben, dass Abraham zwei Söhne hatte, den einen von der Magd, den andern von der Freien. Aber der von der Magd ist nach dem Fleisch gezeugt worden, der von der*

Freien aber kraft der Verheißung. ... Ihr aber, liebe Brüder, seid wie Isaak Kinder der Verheißung. Aber wie zu jener Zeit der, der nach dem Fleisch gezeugt war, den verfolgte, der nach dem Geist gezeugt war, so geht es auch jetzt. Doch was spricht die Schrift? „Stoß die Magd hinaus mit ihrem Sohn; denn der Sohn der Magd soll nicht erben mit dem Sohn der Freien" (1. Mose 21,10). So sind wir nun, liebe Brüder, nicht Kinder der Magd, sondern der Freien.

Eigenartig, wie Paulus hier die Dinge verdreht und Hagar als Repräsentantin des gesetzlichen Judentums verkauft. Das war sie ja gar nicht! Sie war die Fremde, die Ausländerin, diejenige, die man missbraucht und gedemütigt hat. Kein Wunder, dass Hagar, die doch als erste Frau in der Bibel erkannt hat: „Da ist ein Gott, der mich sieht!", aus der christlichen Verkündigung verbannt wurde – zumindest im europäischen Sprachraum. Die starken christlichen Frauenbewegungen in Lateinamerika haben in Hagar längst eine Identifikationsfigur entdeckt, dort steht sie wie eine Schutzpatronin Seite an Seite mit den missbrauchten und gedemütigten Müttern und Frauen. Im Islam gelten Ibrahim (Abraham) und Ismael als Stammväter der Muslime und werden als Propheten verehrt, dementsprechend hoch ist auch das Ansehen von Hagar im Islam. 2000 Jahre nach dem Entstehen der biblischen Texte hat der Koran Hagar und Ismael gewissermaßen adoptiert: Hagar wird hier als Mutter aller Muslime dargestellt.

Für die biblische Hagar hängt alles davon ab, dass sie gesehen und wahrgenommen wird, dass sie eben nicht untergeht als kleine Randdarstellerin in einem großen Epos, sondern dass sie den Platz erhält, der ihr zusteht. Noch lange vor der Selbstoffenbarung Jahwes im brennenden Dornbusch erhält der Gott Israels einen Namen. Und das von einer Nichtjüdin, von einer Sklavin: „Du bist ein Gott, der mich sieht!"

Mitten hinein in die aktuelle Diskussion um ein Burkaverbot in der deutschen Öffentlichkeit eilt uns diese alte Erzählung zur Seite – Hagar, die Mutter des Islam, sie wollte nicht versteckt, sondern gesehen werden – von Abram, von Sarai und, welch Glück: von Gott.

Die Burka lässt sich, zumindest aus der Sicht dieser Erzählung, religiös in keiner Weise begründen, weder mit der Bibel noch mit dem Koran. Stattdessen erscheint uns die biblische Geschichte geradezu wie ein großes Plädoyer gegen die Vollverschleierung im öffentlichen Raum: „Du bist ein Gott, der mich sieht, und ich wünsche mir nichts sehnlicher, als gesehen zu werden!"

Glauben wir allen Ernstes, dass die wenigen Frauen, die uns in der Fußgängerzone hin und wieder „wie schwarze Gespenster" begegnen, dies gerne und mit Freude tun? Es sind meiner Meinung nach die Auswüchse einer patriarchalischen Kultur, die sie in dieses Verhalten zwingen.

Eine junge Muslima hat versucht, per Gerichtsbeschluss durchzusetzen, dass sie eine Burka tragend ein Abendgymnasium besuchen und Abitur machen dürfe. Da hält man schon die Luft an, weil man denkt: Hoffentlich sitzt da jetzt nicht ein politisch überkorrekter Richter, der diesem Ansinnen auch noch stattgibt. Wie groß muss die Not dieses Mädchens sein, dass sie keinen anderen Ausweg gesehen hat als diesen? Vielleicht lassen sie die Männer ihrer Familie sonst nicht aus dem Haus. Sollte dem so sein, muss hier etwas ganz anderes geschehen. Integration bedeutet hier: Nur eine Haltung, die die Frauen nicht unterdrückt und die die Religions- und Meinungsfreiheit in einer freiheitlichen Demokratie schätzt und akzeptiert, gehört und passt zu unserem Land.

Hagar lässt sich nicht demütigen und kleinkriegen, lieber flieht sie und streckt sich aus nach dem großen Glück, endlich gesehen und akzeptiert zu werden.

„Du bist ein Gott, der mich sieht!" Diese Erfahrung einer persönlichen Gottesbeziehung, die mich, meine Vergangenheit und meine Zukunft umfassend wahrnimmt, zieht sich wie ein roter Faden durch die gesamte Bibel. Durch Jesus von Nazareth, den die Autoren der vier Evangelien als einen Mann beschreiben, der die Menschen am Rande aufsucht, ansieht und sich ihrer annimmt, wird dies noch einmal verstärkt.

Trotz mancher Vorbehalte, die ich genannt habe: Ein Kleid oder ein Kleidungsstück kann uns helfen, in eine andere Rolle zu schlüpfen und in eine andere Stimmung zu kommen. In einem meiner Lieder habe ich „das Kleid" als Metapher gewählt: „Es hilft gegen Traurigkeit, wenn du etwas für dich tust, nicht in deinem Schmerz ausruhst."

DIESES KLEID

Streif dir über dieses Kleid,
schütz dich vor der Einsamkeit,
die dich manches Mal befällt.
Bist du auf dich selbst gestellt,
niemand, der dir hilft, dich trägt,
niemand, den dein Schmerz bewegt,
streif dir über dieses Kleid,
schütz dich vor der Einsamkeit.

Streif dir über dieses Kleid,
fliehe in die Dunkelheit.
Fliege weiter bis zum Mond,
dorthin, wo die Sehnsucht wohnt.
Spür den Wind im fahlen Schein,
spüre, du bist nicht allein.
Streif dir über dieses Kleid,
werde Teil der Dunkelheit.

Streif dir über dieses Kleid.
Es hilft gegen Traurigkeit,
wenn du etwas für dich tust,
nicht in deinem Schmerz ausruhst.
Tanze, spüre, wie es fällt,
Tanzkleid aus der Götterwelt.
Streif dir über dieses Kleid,
tanz dich aus der Traurigkeit.

Streif dir über dieses Kleid.
Bist du mal dich selber leid,
dort im Spiegel schau nur hin:
Siehst du eine Königin.
Voller Würde, voller Stolz,
bist aus starkem, edlem Holz.
Streif dir über dieses Kleid,
bist du mal dich selber leid.

Streif es über, streif es über,
spüre, wie es dich umhüllt.
Streif es über, streif es über,
spüre, wie es dich erfüllt.
Alle Leere, alle Schwere,
sie verfliegt in kurzer Zeit,
trägst du ab und zu
nur dieses Kleid.

Streif dir über dieses Kleid.
Es gibt manche kalte Zeit,
ohne Schutz und ohne Licht,
alle andern machen dicht.
Du bist auf dich selbst gestellt,
wenn das Thermometer fällt.
Streif dir über dieses Kleid,
es wärmt dich in kalter Zeit.

Der einzige Mensch, der sich vernünftig benimmt,
ist mein Schneider. Er nimmt jedes Mal neu Maß,
wenn er mich trifft, während alle anderen immer
die alten Maßstäbe anlegen in der Meinung,
sie passten mir auch heute noch.

George Bernard Shaw

„Kleider machen Leute" – sagt das Sprichwort. Immer wieder geht es darum, nach außen hin einen möglichst guten Eindruck zu vermitteln, egal, wie man sich gerade fühlt. Wir fragen nach dem „Dresscode", wenn wir zu einem großen Fest eingeladen werden. Wir wollen nicht auffallen, weil wir entweder zu leger oder zu gut gekleidet erscheinen.

Vor etlichen Jahren hatte mich und meine Frau der damalige Bundespräsident Horst Köhler zu seinem alljährlichen Sommerfest eingeladen – welch eine Ehre, *aber* was zieht man da an? Wie laufen die Gäste dort herum? Es wurde eine relativ teure Angelegenheit, denn wir kleideten uns komplett neu ein, so richtig mit Jackett und Krawatte, obwohl ich sonst so etwas nie anziehe. Als wir dann im Schloss Bellevue ankamen, merkten wir sehr schnell, dass die Menschen dort sehr unterschiedlich gekleidet waren, vor allem Künstler wie z. B. Peter Maffay waren in ihrem ganz normalen Outfit erschienen.

„Der erste Eindruck zählt." Deshalb ziehen wir uns schick an, wenn wir uns zu einem Bewerbungsgespräch aufmachen. Aber Vorsicht, auch hier sollte man es nicht übertreiben, denn wenn ich zu schick erscheine, werden manche Arbeitgeber misstrauisch. Ein Freund, der sich bei einem großen Automobilkonzern für die Managementebene bewarb, hatte sich überlegt, ob er die Armbändchen, die er von diversen Musikfestivals an seinem Handgelenk trug, vor dem Bewerbungsgespräch abmachen sollte. Er entschied sich dafür, die Bändchen zu tragen. Prompt kam das Gespräch darauf, verbunden mit der Frage, ob er denn bereit wäre, sie abzumachen, wenn der Job es erfordere. Darauf erwiderte er, dass er sich das schon vorstellen könne, aber eigentlich seien diese kleinen Trophäen auch Ausdruck seiner Persönlichkeit. Das war, wie sich später zeigen sollte, die richtige Antwort, denn viele Arbeitgeber suchen, gerade für die Führungsetagen, gestandene Persönlichkeiten und keine Opportunisten und „Ja-Sager".

Viele lassen sich heutzutage tätowieren. Früher, noch vor 30 Jahren, war eine Tattoo ein Zeichen dafür, dass jemand im Knast gesessen hatte, bei der Armee gewesen oder ein Seemann war. Dies hat sich komplett verändert. Schätzungsweise 10 Millionen Deutsche tragen mittlerweile ein oder mehrere Tattoos – sich tätowieren zu lassen ist in. Allen voran die Fußballprofis haben einen regelrechten Tätowierwahn ausgelöst. Bei manchen sieht das ziemlich schick aus. Oftmals aber auch komisch, vor allem, wenn unterschiedliche Qualitäten aus unterschiedlichen Lebensphasen auf der eigenen Haut dokumentiert wurden. Und: Hunderttausende von Frauen wären ihr „Arschgeweih", das in einer bestimmten Phase en vogue war, gerne wieder los. Ganze Industriezweige haben sich mittlerweile auf die Entfernung und das Kaschieren von Tattoos spezialisiert. Die Sängerin und Kabarettistin Ina Müller singt in einem ihrer Lieder: „Bye, bye, Arschgeweih, ich geb dich zum Lasern frei." Auch bei den Tattooprofis gilt der Satz: „Think, before you ink!" Nach wie vor vermindert man seine Chancen auf bestimmte Jobs, wenn ein Tattoo (so schön es auch sein mag) sich nicht unter der Kleidung verbergen lässt.

Der Tätowierstich

Schon als Kind, da habe ich
manchmal auf die Hand
mir kunstvoll etwas aufgemalt,
was ich grad lustig fand.
Doch war das ganz schnell wieder weg,
wenn's mir nicht mehr gefiel.
Es war für mich halt, wie gesagt,
so etwas wie ein Spiel.

Ein Tätowierstich,
der tätowiert dich,
lebenslänglich lässt man
verziern sich.
Scheinbar gehört heut
so ein Tattoo
zu einem coolen
Outfit einfach dazu.

Der Körper wird zum Kunstobjekt,
ich will es ja verstehn.
Schaut her, auf meinem prallen Arm,
kann man den Anfang sehn,
den Anfang einer Bilderwelt,
die meinen Körper ziert.
Es macht mich an, dass man dabei
auch echte Schmerzen spürt.

Wer sich mit 20 Jahren schon
so ein Tattoo bestellt,
weiß nicht, ob ihm mit 40 dann
das Ganze noch gefällt.
Und wird mit jedem neuen Jahr
ein Bild dazugebucht,
dann wird die Tätowierei
ganz schnell zu einer Sucht.

Es ist wohl spießig, was ich denk,
und doch, ich steh dazu:
Meine Haut gefällt mir gut
auch ohne ein Tattoo.
Und sollte ich es ausprobiern,
dann müsst es zeitlos sein,
ein wunderbares Meisterwerk,
und wäre ziemlich klein.

Ein Tätowierstich,
der tätowiert dich,
lebenslänglich lässt man
verziern sich.
Scheinbar gehört heut
so ein Tattoo
zu einem coolen
Outfit einfach dazu.

„Der erste Eindruck zählt", dachte sich auch der Prophet Samuel, als er von Gott den Auftrag erhielt, einen Nachfolger für König Saul zu finden und zu salben. Gott sandte ihn nach Bethlehem zu Isai, der acht Söhne hatte. Samuel sollte mit einer Kuh im Schlepptau in die Stadt ziehen und so tun, als wolle er gemeinsam mit Isai und seiner Familie ein Opferfest feiern. Er musste seine eigentliche Absicht, einen neuen König zu salben, verbergen, denn Saul war ja offiziell noch in Amt und Würden. Als er nun in die Nähe von Bethlehem kam, hatte es sich schon herumgesprochen, dass der große Prophet Samuel im Anmarsch war. Die Oberhäupter der Stadt erschraken und liefen ihm entgegen, denn wenn ein Prophet unvermutet auftauchte, verhieß das meist nichts Gutes. Doch Samuel konnte sie beruhigen: „Habt keine Angst, ich bringe Heil! Ich bin gekommen, um mit euch allen einen Gottesdienst zu feiern!" Und er lud die Ältesten der Stadt und Isai mit seinen Söhnen dazu ein. Während die Familie nach und nach eintraf, nahm Samuel die Söhne in Augenschein. Der erste, den er sah, war Eliab, ein stattlicher, gut gebauter junger Mann. Und Samuel dachte: „Das ist er, so muss ein zukünftiger König aussehen." Doch dann hörte er die warnende Stimme Gottes in seinem Herzen: „Lass dich nicht davon blenden, wie groß Eliab ist und wie gut er aussieht, denn er ist nicht geeignet, König zu sein! Der Herr sieht nicht auf das, worauf ein Mensch sieht." *Ein Mensch sieht, was vor Augen ist; der HERR aber sieht das Herz an* (1. Sam 16,7).

Gott möchte das innere Auge Samuels und auch unser inneres Auge schulen. Er möchte uns sensibel machen für die Zwischentöne, für das, was nicht offensichtlich ist.

Wir leben in einer Welt, die von Bildern geprägt ist. Allein 1200 Werbeimpulse erreichen uns täglich. Schnelle, gut gemachte Hochglanzaufnahmen, die vor allem ein Ziel haben: uns eine Welt vorzugaukeln, die es so nicht gibt, uns zu täuschen. Eine Automarke verspricht „Freiheit", ein Waschmittel „Heimat" und „pures Wohlgefühl" und die Werbung für ein Fertiggericht entführt uns träumerisch in die Toskana – alles Scheinwelten. Uns werden Dinge vor Augen geführt, die es so, zumindest in Verbindung mit dem beworbenen Produkt, gar nicht gibt.

Wenn wir ein Haus oder eine Wohnung mieten oder gar kaufen wollen, sind wir gut beraten, einen Bausachverständigen zurate zu ziehen, einen, der sich auskennt und die Dinge sieht, die wir nicht erkennen können. Jemand, der uns etwas verkaufen möchte, bemüht sich meist, etwaige Mängel zu kaschieren. Als Laien sehen wir nur das Offensichtliche, der Fachmann blickt, zumindest ein Stück weit, hinter die Fassade. Das ist eine fast alltägliche Erfahrung, die jeder machen kann, der schon mal versucht hat, z.B. ein gebrauchtes Auto zu kaufen oder zu verkaufen.

Als Schüler und später als Student besaß ich regelmäßig alte, gebrauchte Autos, die es gerade so über den TÜV geschafft hatten. Es gab in meinem Umfeld Tüftler und Freunde, die Spaß daran hatten, selbst „hoffnungslose Kandidaten" wieder auf Vordermann zu bringen. Einmal hatte ich einen uralten Mercedes 200, der im vorderen Bereich unter der Kühlerhaube komplett durchgerostet war. Meine findigen Freunde verschalten diesen Bereich und gossen ihn mit Beton aus.

Dann wurde das Ganze glatt geschliffen und in der entsprechenden Farbe lackiert. Ich sah wirklich nichts. Frohen Mutes fuhr ich zum TÜV, alles lief wunderbar, bis der Prüfer mit dem Wagen einen Bremstest durchführte und dabei merkte, dass irgendetwas nicht stimmte. Anschließend wurde mein liebes Auto auf die Waage gefahren und sehr schnell hatten die Prüfer herausgefunden, dass der innere Bereich des linken Kotflügels zum Teil aus Beton bestand. Der Wagen wurde (zu Recht) sofort aus dem Verkehr gezogen.

„Der Mensch sieht, was vor Augen ist, Gott aber sieht das Herz eines Menschen an!" Spätestens als Samuel zu Isai sagte: „Der ist es nicht!", hat dieser gemerkt, dass Samuel nicht nur vorbeigekommen war, um mit ihnen einen Gottesdienst zu feiern. Da musste etwas anderes im Busch sein und seine Söhne spielten dabei offensichtlich eine wichtige Rolle. Deshalb präsentierte er Samuel stolz einen Sohn nach dem anderen. Die Situation erinnert mich ein bisschen an die zahlreichen Castingshows, die es mittlerweile seit vielen Jahren auf fast allen Fernsehkanälen zu sehen gibt. Ob die Sendereihe nun „Deutschland sucht den Superstar" oder „Germany's next Topmodel" heißt, ist dabei relativ egal – immer geht es darum, unter den vielen, oft hervorragenden Kandidaten den oder die eine zu finden, die etwas ganz Besonderes darstellt. Natürlich spielt dabei auch das Offensichtliche eine wichtige Rolle, aber dann meist auch die Frage: „Welchen Charakter, welche Persönlichkeit habe ich hier vor mir?"

Gutes Aussehen und eine tolle Stimme sind eben nur eines von vielen Kriterien, die erfüllt sein müssen, damit jemand in einem solchen Sendeformat tatsächlich zum Superstar gekürt wird.

Nachdem Samuel alle anwesenden sieben Söhne kennengelernt und begutachtet hatte, wandte er sich an Isai und sagte: „Bitte entschuldige, aber keiner von denen, die ich bisher gesehen habe, kommt für die Aufgabe, die ich im Blick habe, infrage. Hast du nicht noch einen achten Sohn?"

„Doch, schon, aber das ist der Jüngste, der ist noch zu klein. Der ist draußen auf der Weide und hütet die Schafe", erwiderte Isai. Doch Samuel wollte ihn sehen: „Lass ihn rufen, wir werden uns nicht niederlassen, bis er da ist!" Dieses „Hinsetzen" oder „Niederlassen" war damals oft mit einer Tee- und Speisezeremonie verbunden, es war das Signal: „Jetzt können wir reden, jetzt können die Verhandlungen beginnen, gleich wird deutlich werden, worum es hier eigentlich geht!"

Dieser jüngste Sohn, der wenig später hinzukam, hieß David und sollte später einmal der berühmteste König Israels werden. Er erschien *bräunlich, mit schönen Augen und von guter Gestalt* (1. Sam 16,12). Da vernahm der Prophet Samuel sehr klar die Stimme Gottes: *Auf, salbe ihn, denn der ist's.*

Was für ein schöner und klarer Moment, wenn man auf einmal durchblickt und weiß: Das ist jetzt die richtige Entscheidung.

Hin und wieder habe ich solche Momente erlebt. Als ich meine heutige Ehefrau als 17-jähriges Mädchen kennenlernte, wusste ich ziemlich klar: Das ist die Richtige. Bei all den vielen Möglichkeiten, eine Partnerin zu finden, durfte ich ihr begegnen. Das ist Glück, nachhaltiges Glück.

Natürlich gab und gibt es immer wieder Phasen, in denen wir uns auf die Nerven gehen, aber dieser klare Grundeindruck „Eine bessere, eine, die besser zu dir und deinem Leben passt, findest du nicht!", der ist geblieben.

Immer wieder gab es Phasen in meinem Berufsleben, in denen ich mich zwischen verschiedenen Möglichkeiten entscheiden musste. Bei Ausschreibungen und Vorstellungsgesprächen galt es, Klarheit zu finden. Für mich kam nur eine halbe Pfarrstelle infrage, weil ich ja ansonsten freiberuflich als Musiker tätig bin. Einmal hatte ich mich für eine sehr schöne und attraktive „Kultur-Pfarrstelle" mitten in Frankfurt beworben, der Kirchenvorstand wählte mich nach dem Vorstellungsgespräch einstimmig. Und trotzdem spürte ich: „Das ist nicht die richtige Stelle!" So was ist natürlich blöd für einen Kirchenvorstand, denn nun musste die Stelle wieder neu ausgeschrieben werden. Aber mein Zögern und meine Entscheidung waren letztlich richtig. Ich fand schließlich eine sehr schöne halbe Stelle ganz in der Nähe meines bisherigen Wohnortes, bei der ich meine Begabungen und Möglichkeiten voll zum Einsatz bringen konnte.

Ein Mensch sieht, was vor Augen ist; der HERR aber sieht das Herz an!

Wohl dem, der sich auf diese Lebens- und Weisheitsschule einlässt und der weiß: „Gott, du siehst mich, du kennst mein Herz, bitte lehre mich, authentisch zu glauben und zu leben!"

Vor dem Spiegel

Gerade komme ich vom Friseur. Und als ich da so saß und meine Friseurin Elke hinter mir im Spiegel sah, sagte ich zu ihr: „Ich schreibe gerade an einem Buch, das heißt ‚Du siehst mich!'. Weißt du eigentlich, dass ich seit 28 Jahren jeden Monat zu dir komme und wir eine halbe Stunde vor diesem Spiegel sitzen? Eigentlich hätten wir jedes Jahr ein Foto machen sollen, dann könnten wir jetzt sehen, wie ich älter wurde und du immer schöner geworden bist!"

Es stimmt schon, niemand hat mich in den letzten Jahrzehnten so regelmäßig und unter einem ganz bestimmten Aspekt in Augenschein genommen wie meine Friseurin. Sie achtet darauf, dass ich gut aussehe und dass meine Haare alle paar Wochen wieder in die richtige Form kommen. Und nicht nur sie sieht mich, auch ich sehe mich – sehr unterschiedlich – im Spiegel. Heute zum Beispiel war ich richtig schön ausgeschlafen und erholt. Ich sah gut aus, fand ich. Besser als so manches andere Mal, wo ich mit verquollenen Augen und rotem Gesicht, völlig übermüdet und wortkarg weder mich noch Elke kaum eines Blickes würdigte.

Oft gilt für mich der Satz: „Wer morgens mit einem zerknitterten Gesicht aufwacht, hat den Tag über genug Entfaltungsmöglichkeiten!" Ich starre dann beim Friseurtermin in irgendeine Zeitung und lasse die Schneideprozedur über mich ergehen. Dabei ist es doch ein schöner Moment, ganz entspannt dort zu sitzen, sich die Haare waschen und die Kopfhaut massieren zu lassen und dann auch noch einen schönen

Cappuccino und ein Glas Wasser serviert zu bekommen. Ja, bei Elke gibt es das!

Wenn ich mich nicht in eine Zeitung vertiefe, dann kommen wir meistens ins Gespräch. Sie erzählt, ich erzähle, und manchmal erfahre ich Dinge über meinen Ort, die ich sonst nirgendwo erfahren würde. Wenn es um meine Frisur und meine Kopfhaut geht, kennt mich Elke so gut wie kaum ein anderer Mensch.

Was gibt es da zu kennen?, fragt sich vielleicht die eine oder der andere. Nun, da gab es diverse Krisen, die ich hier nicht weiter beschreiben möchte. Sie hat es immer als Erste gesehen und bemerkt, wenn etwas nicht stimmte. Sie hat sich umgehört und kundig gemacht, was man tun könnte, welche Ärzte und Spezialisten sich auch bei anderen Kunden als erfolgreich erwiesen hatten. Und sie hat mich getröstet, wusste Beispiele, kannte Menschen, bei denen alles wieder gut wurde. Man musste eigentlich oft einfach nur abwarten.

Wenn es um meine Haare geht, ist mir vor Elke nichts peinlich, denn sie sieht ja sowieso alles. Ob es nun darum ging, sich die Haare färben oder tönen zu lassen, oder dass mir plötzlich an der linken Augenbraue die Haare ausfielen und ich über ein Permanent-Make-up nachdachte: Es ist gut und tröstlich, einen Fachmann oder besser gesagt eine Fachfrau an seiner Seite zu haben. Jemanden, der einen sieht, so wie man ist: ungekämmt, ungefärbt und ungegelt.

Natürlich haben wir auch lustige Sachen gemeinsam erlebt. Einmal kam ich in den Salon und ging die Treppe hoch in die Männerabteilung. Da saß eine Frau mittleren Alters, die auf den Haarschnitt ihres Sohnes wartete und dabei seelenruhig in dem überhitzten Raum eine Zigarette rauchte. Der ohnehin nicht besonders große Salon war schon gut eingenebelt von ihrem Gequalme. Ich setzte mich auf den mir zugewiesenen Frisierstuhl, schaute zu ihr hinüber und sagte: „Es wäre nett, wenn Sie Ihre Zigarette draußen auf dem Balkon rauchen und nicht den ganzen Salon hier einnebeln würden!"

Da hatte ich wohl auf einen empfindlichen Knopf gedrückt. Die Gute explodierte förmlich: „Was erlauben Sie sich, ich warte hier auf meinen Sohn und rauche in Ruhe und entspannt eine Zigarette – und Sie machen mich so blöd an!"

„Die Zigarette können Sie gerne draußen rauchen oder ausmachen, ich möchte diesen Gestank nicht in meinen Kleidern und schon gar nicht in meinen Haaren haben!", erwiderte ich.

Elke stand daneben, hielt ein wenig die Luft an, gab mir aber im Prinzip recht, auch sie störte der Rauch. Es gibt Menschen, die sehen scheinbar nicht (ein), wenn sie mit ihrem Verhalten andere stören. Solche „Uneinsicht" hat dann letztendlich zu einem generellen Rauchverbot in öffentlichen Räumen geführt.

Das Ganze endete mit einem Eklat, die Dame verließ wutentbrannt den Raum. Am nächsten Tag kam, wie mir später berichtet wurde, noch einmal ihr Mann vorbei und beschwerte sich über mich.

BLICK IN DEN SPIEGEL

Ein Blick in den Spiegel
zeigt mir ein Gesicht,
das ich sehr gut kenne,
doch mich kenn ich nicht.
Wer steckt hinter dieser
Nase, diesem Mund?
Was tun mir die Augen
dieses Menschen kund?

Ein Blick in den Spiegel
zeigt uns: Das Gesicht
hat sich mit den Jahren
verändert, sicherlich.
Gerade noch ein Baby,
Junge, Mädchen, Frau und Mann
und ein wenig ratlos
schauen wir uns an:

Kann ich meinen Weg verstehn,
sag, wie finde ich zu mir?
War ich gestern nicht
ein anderer als jetzt,
als heut und hier?

Ein Blick in den Spiegel,
die Augen blitzen auf,
blicken in die Tiefen
meines Lebenslaufs.
Hab ich das gestaltet,
was schon in mir war?
Hab ich mich entfaltet
mit jedem neuen Jahr?

Ein Blick in die Bibel
sagt mir hoffnungsvoll:
Gott kennt meinen Namen,
nennt mich liebevoll
„Königskind" und „Perle",
„Wunschkind", das bist du,
und in all den Jahren
warst du stets mein „Du".

Hilf mir meinen Weg zu verstehn,
und führe mich zu mir.
Du, Gott, bist doch stets derselbe,
gestern, heut und hier.

„Kopf hoch, Smartphone ist heilbar" ist der Titel eines Cartoon-Buches von Oli Hilbring. „Kopf hoch!", denn wir leben in einer Zeit des gesenkten Blickes, jeder und jede scheint nur noch mit sich selbst beschäftigt zu sein, schaut auf sein kleines Display, chattet und postet in der eigenen digitalen Welt, ohne wahrzunehmen, was real um ihn herum passiert. Eine Studie aus dem Jahr 2015 hat ergeben, dass US-Bürger 46-mal täglich auf ihre Smartphones schauen, Jugendliche aktivieren ihr iPhone sogar 123-mal am Tag. Dabei wachsen die „Digital Natives" nicht unbedingt als Stubenhocker heran. Manche Apps und Anwendungen wie *Euro Catching* oder *Pokémon Go* animieren die User, ihr Spiel in die Natur oder in eine Innenstadt zu verlagern. Innerhalb weniger Tage hat das Augmented-Reality-Spiel *Pokémon Go* ein Spielfieber unter Millionen von Menschen rund um den Globus verbreitet. Es gilt, in einer realen Umgebung möglichst viele von diesen kleinen, nicht realen Monstern einzufangen.

Was alle Spieler eint, ist der „gesenkte Blick", das Fixiertsein auf das kleine Display des Smartphones. Im öffentlichen Straßenverkehr ist das nicht ungefährlich. In einer Kleinstadt bei New York setzte sich ein 28 Jahre (!) alter Mann in sein Auto und fuhr los, um möglichst viele kleine Pokémons „einzusammeln". Dabei schaute er mehr auf sein Display als auf die Straße, von der er prompt abkam, und schrottete seinen Wagen komplett. Vor derartigen Risiken wurde in den USA zeitweise mit Displayanzeigen über der Straße gewarnt: „Don't

Pokémon and drive!" Ein 15-Jähriger war in seine Jagd nach den kleinen putzigen Tierchen so vertieft, dass er versehentlich auf die Autobahn geriet und dabei verletzt wurde.

Als „Sklaven der eigenen digitalen Identität" entlarvt der Künstler und Fotograf Antoine Geiger mit eindrucksvollen Fotos die scheinbar komplette Entfremdung des modernen Menschen von der realen Welt.

Gleich zu Beginn der Bibel begegnet uns bereits der gesenkte Blick, und zwar in der Geschichte von Kain und Abel. Die beiden Brüder waren sehr unterschiedlich, Kain kümmerte sich um den Ackerbau, Abel um die Tiere in der Savanne.

Kain war der Erstgeborene, der erste Sohn von Adam und Eva. Der zweite Sohn wurde Abel genannt. Manche Theologen sehen bereits in diesem Namen eine Geringschätzung, denn Abel bedeutet so viel wie „der Eitle, der Windhauch". In jedem Fall handelt es sich hier um eine typologische Erzählung, die Grundlegendes über das Wesen des Menschen darstellen möchte. Auch die beiden Berufe – Ackerbauer und Hirte – greifen wohl zwei gegensätzliche Pole der damaligen Berufswelt auf. Kain, der sich um die Felder kümmert, hegt und pflegt das engere Umfeld und betreibt Besitzstandsbewahrung. Der andere, Abel, entspricht dem (Ideal-)Bild des wandernden Gottesvolkes. Der Konflikt zwischen den beiden Brüdern ist so gewissermaßen vorprogrammiert.

Eines Tages feiert Kain einen Gottesdienst und bringt Gott mit dem, was er hat, ein Opfer dar. Auch Abel feiert einen Gottesdienst und bringt dabei seine Gaben mit ein. Ein herrlicher

Duft von Gesottenem und Gebratenem steigt auf, das gefällt Gott besser als das Opfer von Kain. In der Bibel heißt es über das folgende Geschehen: *Da ergrimmte Kain sehr und senkte finster seinen Blick* (Gen 4,5b).

Da taucht er zum ersten Mal auf – der gesenkte Blick. Die Wut, die so stark ist, so brennend, dass wir dem anderen nicht mehr in die Augen schauen können und unsere Miene sich verfinstert.

Kain leidet darunter, dass Gott sein Opfer nicht im gleichen Maße wertschätzt wie das von Abel. Das ist unfair, das ist ungerecht! Kain hat sich genauso bemüht wie Abel, eine gute Leistung zu bringen. Kain hat genau wie Abel einen schönen Altar gebaut und das Beste gegeben – und dennoch hat er nicht den gleichen Erfolg. „Da senkt sich der Blick" – ein starkes Bild für die Macht des Neides und der Habgier.

Ich gönne dem anderen seinen Erfolg nicht – ich möchte ihn nicht mehr sehen, ich „verkrümme mich in mich selbst" und wende meinen Blick ab.

Ein solches Verhalten kann vermutlich jeder bei sich selbst beobachten: wie sich unsere Stimmung auf einmal verschlechtert, wenn wir uns ungerecht behandelt fühlen.

In meiner Anfangszeit als Liedermacher habe ich des Öfteren auf Festivals gespielt. Dort hat man sich automatisch mit anderen Künstlern und Bands verglichen. Manche kamen eben besser an, andere nicht. Das Publikum hat entschieden, wen es mochte und wen nicht. Als junger, aufstrebender Künstler mitzubekommen, dass andere viel erfolgreicher waren als man selbst, das war nicht einfach. Manchmal hat es mich regelrecht heruntergezogen. Und wenn einer der „Erfolgreichen" in abendlicher Runde prahlte, wie viele Konzerte er im Jahr gab, wie weit im Voraus er oder sie ausgebucht war und wie toll der CD-Verkauf lief, musste ich aufstehen und gehen. Ich wollte auch diese Anerkennung, ich wollte auch lange im Voraus ausgebucht sein und tolle Konzerte geben!

Das Bild vom gesenkten Blick, von der gekränkten, unheilvoll auf sich selbst fixierten Haltung kann ich aus eigener Erfahrung jedenfalls sehr gut nachvollziehen. Sehr schnell habe ich jedoch gelernt, dabeizubleiben, genauer hinzuschauen und von denen zu lernen, die erfolgreicher waren als ich. Der gesenkte Blick bringt einen ja nicht weiter. Er signalisiert Stagnation, vielleicht sogar „Rückschritt".

Bei Kain ist es der Verdacht: „Gott sieht mich nicht (mehr). Ich brauche auch gar nicht aufzuschauen, denn ich begegne keinem Augenpaar, das mich ansieht – oder zumindest so, wie ich angesehen werden möchte."

Vergleiche dich möglichst immer mit den falschen Personen... ist ein Rat, den der amerikanische Psychologe Paul Watzlawick in seinem Buch „Anleitung zum Unglücklichsein" gibt. Ein Buch, das sich weltweit hervorragend verkauft hat – auch bei uns, obwohl wir so ein Buch gar nicht brauchen. Wir Deutschen sind „per se" eher unglücklich. Wir meckern gerne und sind selten wirklich zufrieden. Entweder ist es zu nass oder zu trocken, zu kalt oder zu heiß. Und selbst wenn alles einmal stimmen sollte, ich garantiere Ihnen: Dann zieht es!

Vergleiche dich möglichst immer mit den falschen Personen... Bei Porträtaufnahmen von Olympiasiegern lässt sich Folgendes erkennen: Die Goldmedaillengewinner strahlen über das ganze Gesicht, die Gewinner einer Bronzemedaille ebenfalls. Sie scheinen genauso zufrieden und glücklich zu sein wie jene ganz oben auf dem Treppchen, denn sie haben ja noch eine Medaille ergattert. Nur bei denen, die eine Silbermedaille gewonnen haben, kann man mitunter eine gewisse Unzufriedenheit erkennen, denn sie vergleichen sich oftmals und ausschließlich mit dem ersten Platz, den auch sie gerne erreicht hätten.

Alle Not kommt aus dem Vergleich!, hat der dänische Philosoph Sören Kierkegaard einmal gesagt. Das stimmt nicht, es gibt sehr viel Not auch ganz ohne Vergleich. Aber in unserer Wohlstandsgesellschaft gilt in jedem Fall der Satz: Manche Not kommt aus dem Vergleich. Und wenn wir uns bewusst machen würden, wie gut es uns eigentlich geht, wären wir vielleicht auch ein bisschen glücklicher!

Manche Not kommt aus dem Vergleich

Schau, ein neues Fahrzeug
steht dort vor dem Haus.
Das alte sah doch wirklich
noch ganz passabel aus.
Die können sich das leisten,
da braucht man ziemlich Geld,
wenn man sich das neuste
Auto stets bestellt.

Schau, die gehn auf Reisen,
schon zum dritten Mal,
erst Frankreich und Mallorca
und jetzt noch Portugal.
Wie die das wohl bezahlen,
das kann doch gar nicht sein,
dass jemand so viel Urlaub hat,
das ist schon fast gemein.

Manche Not kommt
aus dem Vergleich,
allzu leicht vergess ich:
Im Grunde bin ich reich,
hab Menschen, die mich mögen,
und überm Kopf ein Dach,
doch spür ich beim Vergleichen,
wie der Neid erwacht.

Schau, die macht Karriere,
die hat's wirklich drauf
und ich bleib zu Hause
und räum die Wohnung auf.
Koch Essen, wasch die Wäsche,
„moderne Sklaverei",
und sie stolziert im neusten
Outfit grad vorbei.

„Schau mal in den Spiegel!",
hör ich irgendwo,
„und frage dich mal ehrlich,
hey, warum bist du so?
Du willst dich stets vergleichen
und siehst nicht, was du hast.
Hör auf dir einzureden,
dass du etwas verpasst!"

Manche Not kommt
aus dem Vergleich,
allzu leicht vergess ich:
Im Grunde bin ich reich,
hab Menschen, die mich mögen,
und überm Kopf ein Dach,
doch spür ich beim Vergleichen,
wie der Neid erwacht.

Gott wendet sich in der biblischen Geschichte an Kain und fragt: „Warum senkst du deinen Blick? Wenn du fromm (also mit dir, Gott und der Welt im Reinen) bist, kannst du deinen Blick heben. Bist du aber nicht mit dir selbst im Reinen, dann lauert die Sünde, die Versuchung vor der Tür. Und sie wirbt um dich! Pass auf, dass du die Kontrolle behältst!" (vgl. Gen 4,7).

„Warum senken wir in unserem Alltag den Blick?" – Nun, übertragen auf den massenhaften Smartphone-Ge- oder

Missbrauch vielleicht, weil wir uns gerne in digitalen Traumwelten bewegen. Vielleicht, weil wir die reale Welt anstrengender oder langweiliger finden als die digitale. Und sicher, weil wir mit den digitalen Helfern über große Distanzen problemlos mit vielen gleichzeitig Kontakt halten können.

Wenn wir das Wort „fromm" einmal mit „authentisch" und „im Hier und Jetzt lebend" übersetzen, dann sind wir mitten in der Urgeschichte von Kain und Abel.

Wenn ich mich permanent „wegbeame" und ablenken lasse, wenn ich tatsächlich so gefangen bin von diesem kleinen Gerät, dass ich 143-mal pro Tag draufschauen muss, dann bin ich, so behaupte ich, „nicht wirklich ganz bei mir". Und dann laufe ich Gefahr, zum Opfer zu werden, angesichts der vielen digitalen Versuchungen, die vor der Tür lauern.

Wirklich zu leben würde bedeuten, dies zu erkennen und diese Versuchungen unter Kontrolle zu haben.

Kain hat sich nicht mehr unter Kontrolle, deshalb senkt er seinen Blick und gibt seinem Neid und seiner Wut so viel Raum, dass er schließlich seinen Bruder tötet.

Die Augen sehn nach unten,
das Haupt ist leicht gebeugt,
so zieht die Karawane
der Sklaven unserer Zeit
von einem Ort zum andern
und kennt sich nicht mehr aus,

denn niemand schaut nach oben
und niemand geradeaus.
Doch gegen den gesenkten Blick
gibt es seit Äonen
einen guten, alten Trick,
probieren könnt sich lohnen:
Hebe deine Augen auf
und schau zum Horizont.
Hebe deine Augen, schau,
woher die Hilfe kommt.

Ein alter Songtext, ebenfalls aus der Bibel, steht uns zur Seite: Psalm 121 – *Ich hebe meine Augen auf zu den Bergen. Woher kommt mir Hilfe?*

Das ist schon mal ein erster Schritt, dass ich aufblicke und meinen Blick löse von dem, was mich gefangen hält. Viel ist gewonnen, wenn ich merke, dass ich Hilfe brauche, dass ich so nicht weiterleben möchte und dass ich wieder die Kontrolle über mein Leben haben möchte.

„In den Bergen", da wurden so um 1000 bis 700 vor Christus noch vielerlei Götter verehrt. Im zweiten Buch der Könige wird beschrieben, wie König Hiskia diese Heiligtümer zerstören lässt und den Glauben an den einen Gott fordert und fördert. Der Texter dieses Psalmgebets mag an derartige Götzen und Heiligtümer gedacht haben, wenn er hinauf zu den Bergen schaut. Andererseits sind auch die Berge, allen voran der

Sinai, Orte der Offenbarung Gottes. Hier hat Mose die zehn Gebote von Gott empfangen.

Wohin schauen wir, wenn wir uns neu orientieren wollen? Wovon erhoffe ich mir Hilfe, neue Kraft und frische Impulse?

Die Angebote in unserer Gesellschaft sind vielfältig: Psychologische Beratungspraxen sind auf Monate hin ausgebucht, Führungskräfte suchen sich einen persönlichen Coach. Fitnesscenter, landauf und landab, boomen. Wellnessurlaube stehen hoch im Kurs und versprechen Freiräume und Entspannung. Es gibt „Erlebnisagenturen", bei denen wir „Abenteuer" buchen können. Aber hilft es mir wirklich nachhaltig, wenn ich für ein Wochenende mit einer bunt zusammengewürfelten Truppe eine Wildwasserraftingtour mache? Werde ich nicht auch hier schon wieder gelebt und verplant?

Woher kommt mir Hilfe, wenn ich neu aufbrechen und ganz neu das Leben entdecken möchte? Wo ist die „Reset-Taste" für meinen Alltag?

Meine Hilfe kommt vom HERRN, der Himmel und Erde gemacht hat, textet der biblische Songschreiber weiter, er erwartet keine Hilfe von den selbst erbauten Heiligtümern auf den Bergen, sondern einzig und allein von dem, der die Erde und somit auch mich geschaffen und gewollt hat.

Du bist ein Wunschkind Gottes! Der, der dich gewollt und in diese Welt gesetzt hat, möchte, dass du aufrecht und authentisch lebst. Nicht mit gesenktem Blick und schon gar nicht übel gelaunt und neidisch auf andere.

Er wird deinen Fuß nicht gleiten lassen, und der dich behütet, schläft nicht.

In Tokio, so habe ich mir sagen lassen, gibt es auf den Fußgängerwegen schon eigene, auf dem Boden markierte Spuren für Smartphone-Besitzer, damit sie nicht mehr aufschauen müssen und trotzdem auf dem richtigen Weg bleiben. In Sydney haben sie auf die Fußgängerüberwege an den Straßenkreuzungen mit großen Buchstaben und weißer Farbe „LOOK" auf den Boden gepinselt, damit die Smartphone-Benutzer nicht gedankenverloren in die Autos rennen – das ist in Sydney besonders wichtig, weil Linksverkehr herrscht und viele Touristen auch ohne Smartphone oftmals unkonzentriert eine Straße überqueren, ohne genau zu schauen und damit zu rechnen, dass das gefährlichere Auto von links und nicht wie bei uns von rechts kommt.

Du stellst meine Füße auf weiten Raum, heißt es in einem anderen Psalm (31,9). Es gibt keine vorgegebene Spur, an die ich mich halten kann, selbst wenn manche das gern hätten. Auch wenn manche Prediger und Pfarrerinnen gern eine enge Spur vorgeben wollen, auf der sich ein Christ bewegen soll, so ist die Frohe Botschaft des Neuen Testaments geprägt von der Freiheit und der Selbstverantwortung des Einzelnen.

Natürlich gibt es auch für uns Christen eine Spur, der wir folgen können und dürfen – es ist die Spur des Nazareners in dieser Welt. Seine Wegweiser lehren uns, ständig aufzuschauen und sensibel und hellhörig für die Zeichen der Zeit zu sein, sie führen uns über unbequeme Wege, aber immer aufeinander zu. Wenn ich mich auf den Weg Gottes einlasse, brauche ich keine Angst zu haben, dass ich mich verliere und „dass mein Fuß strauchelt" und ich in einen Abgrund falle.

Das erinnert mich an die Geschichte jenes überzeugten Atheisten, der in den Bergen unterwegs ist und plötzlich stolpert und in eine Schlucht fällt. In letzter Minute bekommt er mit der rechten Hand noch ein Ästchen zu fassen und baumelt nun über der Schlucht. In seiner Not fängt er an, laut zu rufen: „Lieber Gott, hilf mir!" Das Wunder geschieht, Gott antwortet: „Warum soll ich dir helfen, du glaubst doch gar nicht an mich?" In seiner Verzweiflung antwortet der Atheist: „Wenn du mich jetzt rettest, dann will ich an dich glauben und dir künftig vertrauen!" – „Du willst mir vertrauen?", fragt Gott. „Dann lass los!"

ER WIRD DEINEN FUSS NICHT GLEITEN LASSEN, UND DER DICH BEHÜTET, SCHLÄFT NICHT

Dieser Gott, von dem ich Hilfe erwarten kann, ist keiner, der sich aus Trägheit, Lustlosigkeit oder Überlastung zurückzieht. Dieser Gott ist gegenwärtig und einfach da, wenn es darauf ankommt. Das wird auch im nächsten Psalmvers betont und sogar doppelt wiederholt: *Siehe, der Hüter Israels schläft und schlummert nicht.* Das scheint in der damaligen Welt eine wichtige Aussage gewesen zu sein. Auch wenn wir vielleicht den Eindruck haben, Gott sei nicht da, ist er niemals im Ruhemodus oder gar „offline" – darauf kann ich bauen, wenn ich meinen gesenkten Blick hebe. Und wenn ich aufschaue, brauche ich keine Angst zu haben: *Der HERR behütet dich; der HERR ist dein Schatten über deiner rechten Hand.*

Gott hat auch die Smartphone-Hand im Blick, ja er ist sogar der Schatten über dieser Hand. In der oft blumigen Sprache des Alten Testaments wird vor allem eines deutlich: Viele der Texte sind in der Wüste entstanden und dort ist Schatten etwas sehr Wichtiges und Lebensnotwendiges. Schatten bedeutet Schutz und Pause. Wenn ich es wage aufzuschauen, wenn ich den Blick hebe hin zu dem, der mich und diese Welt geschaffen hat, werde ich lernen, neu, verantwortlich und wohldosiert auch mit meinem Smartphone umzugehen. Ich werde feststellen, dass die reale Welt viel, viel spannender ist und sein kann als meine digitale Identität, die mich gefangen hält.

Nun ist ja ein Smartphone an und für sich nichts Schlechtes. Für meine Frau ist zum Beispiel „WhatsApp" eine richtig tolle Erfindung. „Endlich kann ich problemlos mit vielen Leuten Kontakt halten, mit denen ich sonst vielleicht ein- oder zweimal im Jahr telefoniert habe. Menschen, die mir wichtig sind und denen ich wichtig bin, melden sich, schicken mir ein Foto und kurze Grüße. Ich fühle mich manchen viel näher verbunden als früher. Außerdem ist es eine tolle, mitunter die einzige Möglichkeit, mit den flügge gewordenen Sprösslingen Kontakt zu halten."

Es kommt wirklich darauf an, wie ich mit etwas umgehe und wie sehr mich etwas beansprucht. *Der HERR behütet dich; der Herr ist dein Schatten über deiner Hand.* Dieser Schatten liegt über allem, was ich mit meinen Händen und vollem Engagement tue. Alles, was mich beschäftigt und womit ich mich beschäftige, braucht das richtige Maß, braucht die Pausen und den Schutz vor mir selbst. Jemand, dem sein Job so wichtig ist, dass er oder sie nicht abschalten kann, braucht diesen Schutz. Jemand, der nur noch im Vereinsleben aufgeht und dabei die Familie vernachlässigt, braucht diesen Schutz. Der gesenkte Blick kommt überall und immer dort zustande, wo ich etwas übertreibe, mich zu sehr in etwas vertiefe. Wenn ich es lerne und übe, immer wieder aufzublicken und die Hände zu öffnen, dann bin ich auch bereit, den Segen und das Gute aus meiner Tätigkeit zu empfangen:

Dass dich des Tages die Sonne nicht steche noch der Mond des Nachts.

Der HERR behüte dich vor allem Übel, er behüte deine Seele.

Der HERR behüte deinen Ausgang und Eingang von nun an bis in Ewigkeit.

„Eingang und Ausgang" – dieser 3000 Jahre alte Text verbindet den Segen Gottes mit unserer Fähigkeit, ein- und auszuschalten, und ermutigt uns, das Smartphone durchaus auch einmal auszuschalten, in jedem Fall aber weise zu benutzen.

WAS IST DER MENSCH, DASS DU SEINER GEDENKST?

Es gehört für mich zu den erhabenen Momenten in meinem Leben, in einer sternenklaren Nacht still das Weltall zu bestaunen. Eigenartigerweise nehme ich mir für diesen Genuss viel zu selten Zeit. Ein Freund, der Münchner Astrophysiker Andreas Burkert, lässt mich durch sein Wissen nicht mehr aufhören zu staunen, innezuhalten und all das, was wir hier tun und treiben, im richtigen Verhältnis zu sehen. Jedes Jahr gestalten wir einige multimediale Konzerte mit dem Titel „Urknall und Sternenstaub" und jedes Mal denke ich: „Wie blöd ist eigentlich der Mensch, dass er sich nach wie vor für die Krönung der Schöpfung hält und die Erde als das Zentrum allen Geschehens ansieht?!" Fakt ist, dass wir Bewohner eines kleinen Planeten eines Randsonnensystems innerhalb einer von hundert Milliarden Galaxien sind. Warum nehmen wir Menschen uns so wichtig, warum schlagen wir uns gegenseitig die Köpfe ein, anstatt diesen wunderschönen kleinen blauen Planeten zu hegen und zu pflegen? Und noch rätselhafter: Warum hält der Schöpfer des Kosmos an uns erbärmlichen Kreaturen fest und hat uns im Blick, wie der Psalm 8 formuliert?

WENN ICH INS WELTALL BLICKE

Wenn ich ins Weltall blicke,
wenn ich mich strecke und sehnsuchtsvoll
    hinausschaue,
neugierig, wissbegierig und ständig auf der Suche
    nach neuen Erkenntnissen,
wenn ich überwältigt vom Funkeln der Milchstraße
den Kopf mehr und mehr nach hinten lege
und mich nicht sattsehen kann,
wenn ich, je länger ich schaue und staune,

immer mehr Lichter und Sternbilder sehe,
und sehe, was deine Hand geschaffen hat,
den Mond und die Sterne.
O Mann, allein den Mond könnt ich stundenlang
    bestaunen,
bedichten und besingen, diesen geheimnisvoll
    stillen Begleiter
durch die Nächte,
und die Sterne, sie sind so unendlich weit weg –
und oft erreicht uns ja nur noch das
Strahlen längst erloschener Sterne, das unseren
Augen Glanz verleiht,
die Galaxien, die Sonnen, die Astralnebel und
    Supernovae
so fern, so mächtig, so grausam
und doch so wunderschön.

Die du geschaffen hast,
daran will ich festhalten, das will ich glauben,
dass du es bist, Schöpfer, Vater, Ursinn allen Lebens,
der dies alles im Blick hat,
gewollt hat und vorantreibt.
Die Schöpfung geht ja weiter und wir
sind mittendrin – das Weltall dehnt sich weiter aus,
schneller als das Licht,
schneller, als ich denken und glauben kann,
und doch bist du da, hast geschaffen
und schaffst weiter und weiter.

Was ist der Mensch, dass du ihn im Blick hast?
Kann ich das glauben, dass der Schöpfer des Kosmos
ausgerechnet mich, den unbedeutenden Bewohner
eines kleinen Planeten, eines Randsonnensystems
   sieht
und kennt? Ja, dass er sich sogar auf den Weg
   gemacht hat,
um dir und mir persönlich „von Mensch zu Mensch"
   zu begegnen?
Kann ich glauben, der ich für diese Welt nur einer
   von sieben Milliarden bin, dass ich für Gott die
   Welt bin?

Und was ist des Menschen Kind, dass du dich seiner
   annimmst?
Du siehst mich nicht nur, sondern du bist da,
du gehst mit uns die Wege der Trauer, des
   Schmerzes,
aber auch die Wege der Liebe und Freude.
Du machst unsere Sache zu deiner Sache, zur
   Chefsache,
du hast beschlossen, mich zu ertragen, und
mit den Farben des Regenbogens deinen
   Schöpferwillen
veröffentlicht – du riskierst den Menschen!
Warum? Was ist der Mensch? Was siehst du in uns?

Vor etlichen Jahren durfte ich mit meiner Familie einmal an einer Nachtexpedition in die ägyptische Sahara teilnehmen. In Ägypten bricht die Nacht schnell und plötzlich herein und die Dunkelheit in der Wüste ist wirklich tiefschwarz. Es gibt keine Lichter und ein Lagerfeuer sieht man schon von Weitem. Mitten in der Wüste hatten die Beduinen Teleskope aufgebaut, mit denen wir zum Beispiel die Mondoberfläche oder den Orionnebel bestaunen konnten. Das war ein sehr eindrückliches Erlebnis. Auch die Milchstraße stellt sich von dieser Seite der Erde ganz anders dar, viel heller und eindrucksvoller. Spannend, wie viel man sieht, wenn man im Grunde gar nichts mehr sieht. Das Auge gewöhnt sich an die Dunkelheit und die Sterne strahlen umso heller.

Das Dach

Das Dach vor meinem Fenster
träumt von der alten Zeit,
es träumt vom letzten Sommer,
obwohl es draußen schneit,
von Sonne und vom Regen,
von Schmerzen und vom Glück,
und weiß, die alten Tage
kommen nicht zurück.
Das Dach vor meinem Fenster
bedeckt ein Haus aus Stein,
es träumt von seinen Menschen
und schläft darüber ein.

Das Dach vor meinem Fenster
denkt, was wird morgen sein?
Wird der Wind mich schütteln
oder bricht ein Frost herein?
Es spürt den sauren Regen,
den Schmutz, der ständig stieg,
es hört die Düsenjäger
und fürchtet sich vorm Krieg.
Das Dach vor meinem Fenster
versteht die Welt oft nicht.
Es fürchtet sich und weiß,
wie leicht ein Dach zerbricht.

Das Dach vor meinem Fenster
ist manchmal hart und kalt,
die Schindeln sind dann rissig
und ihre Farbe alt.
Es schluckt dann alle Wärme
und alle Zärtlichkeit
und leidet doch am meisten
an seiner Einsamkeit.
Das Dach vor meinem Fenster
friert dann im Sonnenschein,
das Dach vor meinem Fenster
ist manchmal sehr allein.

Das Dach vor meinem Fenster
erzählt mir viel von sich
und, seit ich es verstehe,
auch vieles über mich.
Es lohnt sich, es zu kennen,
zu hören und zu sehn,
doch braucht man etwas Zeit,
es wirklich zu verstehn.
Das Dach vor meinem Fenster
ist so wie ich und du,
das Dach vor meinem Fenster
deckt ein Geheimnis zu.

Markus J. Becker

ÜBERS DACH

„Ich steige dir aufs Dach!", sagen wir manchmal, wenn wir frustriert und vielleicht wütend auf jemanden sind. Und frustriert waren auch die vier Freunde eines gelähmten Mannes, die diesen unbedingt zu Jesus bringen wollten. Der war, so erzählt es der Evangelist Markus (2,1–12), zu Besuch in Kapernaum und im Nu war das Haus, in dem er sich aufhielt, voll von Leuten, die ihn hören und sehen wollten. Bis auf die Straße standen sie und es kamen immer mehr dazu. Da es allgemein bekannt war, dass Jesus nicht nur ein glänzender Redner und Erzähler war, sondern auch Kranke heilen konnte, kamen viele dorthin in der Hoffnung, geheilt zu werden. Viele der Kranken konnten selbst nicht mehr gehen, sie wurden zu ihm hingetragen.

Doch was tut man, wenn sich die einzigartige Chance bietet, diesem Heiland zu begegnen, es aber keinerlei Möglichkeit gibt, an ihn ranzukommen, einfach deshalb, weil das Haus hoffnungslos überfüllt ist? Ein Gelähmter hatte Glück: Er hatte vier engagierte Freunde, die von ganzem Herzen wollten, dass ihr Freund wieder gesund würde. Doch als sie vor dem Haus, in dem sich Jesus aufhielt, ankamen, erkannten sie schon von Weitem, dass sie ihn auf keinen Fall auf normalem Weg zu Jesus bringen konnten. Also ließen sie sich etwas einfallen. Sie schleppten die Bahre auf das Dach des Hauses, deckten die Ziegel ab und ließen ihren gelähmten Freund auf der an vier Seilen befestigten Bahre direkt vor Jesus runter.

Das muss man sich einmal vorstellen! Diese Situation war bestimmt auch ein bisschen komisch, denn Jesus war ja mitten in einem Vortrag, er sprach zu den Leuten und diese hörten ihm gespannt zu. Und auf einmal hört man Hammer- und Klopfgeräusche vom Dach, das Dach wird aufgedeckt und irgendetwas herabgelassen. Heutzutage wäre sofort ein Sicherheitsdienst auf dem Dach und würde die Ruhestörer, die eventuellen Attentäter, abführen. Über den Kranken erfahren wir nichts, außer eben, dass er gelähmt war und dass er vier Freunde hatte.

Vier Freunde, die bereit sind, einen zu tragen, das ist viel. Kein Begriff hat durch die Ausbreitung der sozialen Netzwerke so sehr gelitten wie der Begriff „Freund", denn die Kontakte, die als Freunde bezeichnet werden, haben mit wirklicher Freundschaft oft gar nichts zu tun, das sind oft noch nicht mal Bekannte … Freunde, echte Freunde, kann man nur wenige haben, und da sind vier schon ziemlich viele. Freunde sind Menschen, die einen im Blick haben und die bereit sind, einen zu tragen, so wie in dieser Erzählung. *Das haben Freunde und Diamanten gemeinsam – erst wenn man sie aus der Fassung bringt, erkennt man ihren eigentlichen Wert,* sagt ein altes Sprichwort. Freunde sind Menschen, die mir guttun, die mit mir durch dick und dünn gehen. Mit ihnen kann ich Pferde stehlen oder eben Dächer abdecken. Wer wirklich vier Freunde hat, auf die er zählen kann, ist ein reicher, ein glücklicher Mensch.

Vier Freunde, die ihn getragen haben. Das erinnert an eine andere Begebenheit, von der im Neuen Testament berichtet wird: Am Rande von Jerusalem gab es den sogenannten Teich Bethesda, wohl eine Art herodianisches, römisches Heilbad, das den Ruf hatte, dass von Zeit zu Zeit ein Engel des Herrn herabsteigen und in diesem Teich eine Art Strudel verursachen würde. Der Erste nun, der nach solch einem Ereignis ins Wasser käme, der würde gesund werden. Wer krank ist und schon viele Heilungsmethoden ausprobiert hat oder wer schlicht und ergreifend kein Geld hat, klammert sich an jeden Strohhalm. Und so lagerten Hunderte von Kranken um diesen Teich herum. Man hatte extra Säulenhallen errichtet, in denen sie lagern konnten. An diesen Säulen lag nun ein Mann, der seit 38 Jahren gelähmt war. Dieser Mann fiel Jesus auf, er blieb stehen und ließ sich seine Geschichte erzählen. Und dann stellte er ihm eine scheinbar absurde Frage. Er fragte ihn: „Willst du gesund werden?" Doch nur für unsere Ohren ist diese Frage absurd, denn es steckt ja viel mehr dahinter. Jesus sieht ihn an, er sieht den ganzen Menschen, das ganze Elend, und die Frage „Willst du gesund werden?" meint ja viel mehr als einfach nur: „Willst du wieder gehen können?" Körperlich krank sind sie alle, die sich da um den Teich lagern. Zusätzlich sind sie aber auch, und das macht die Situation dieses Mannes so aussichtslos, krank in ihren Herzen und Köpfen. Denn sobald das Wasser des Teiches sich bewegt, beginnt ein wildes Humpelrennen, setzt sich die knallharte Ellenbogengesellschaft durch und ist sich jeder selbst der Nächste. Und deshalb antwortete der Kranke nicht mit Ja oder Nein, sondern er sagte: „Herr, ich habe keinen, der mich trägt!"

Er weiß, dass die Ersten schon zwei Runden im Teich geschwommen sind, bis er sich nach unten geschleppt hat. Ohne fremde Hilfe hat er keine Chance auf Heilung. Der Gelähmte sieht nicht, wen er vor sich hat, sondern er sieht nur das, was vor Augen ist, das Nächstliegende und Einzige, von dem er sich Heilung erhofft; und das ist diese Heilquelle. Wohl dem, der sagen kann, ich habe Menschen, die mich tragen, die bei mir sind, die mit mir hoffen, beten und glauben, dass alles ein gutes Ende haben wird.

Zurück zu den vier Freunden auf dem Dach: *Als nun Jesus ihren Glauben sah, sprach er zu dem Gelähmten: Mein Sohn, deine Sünden sind dir vergeben* (Mk 2,5). Das ist spannend! Es geht nicht um den Glauben des Gelähmten, ja es scheint geradezu egal zu sein, was dieser denkt, glaubt und von der ganzen Aktion hält. Nicht sein Glaube ist entscheidend, sondern der seiner Freunde. Auch das macht gute Freunde aus, dass sie nicht aufgeben, auch wenn ich selbst schon die Flinte ins Korn geworfen habe, dass sie zu einem stehen und an etwas festhalten, was ich selber schon nicht mehr zu glauben und hoffen wage.

Doch auch hier, in dieser Situation, liegt wiederum eine gewisse Komik, denn Jesus sagt nicht etwa: „Weil deine Freunde so sehr daran glauben, weil sie sich nichts sehnlicher wünschen, als dass du wieder gehen kannst, deshalb mache ich dich jetzt gesund!", sondern er sagt zu dem Gelähmten: *Mein Sohn, deine Sünden sind dir vergeben!* „Na ja, das ist ja schön und gut", denken wir jetzt vielleicht, *„aber was ist mit dem eigentlichen Problem, dem Gelähmtsein?"* Auch die anwesenden Pharisäer waren verwirrt und haben sich ihren Teil im Stillen gedacht: „Wie kann dieser Mensch so reden? Er lästert Gott. Wer kann Sünden vergeben außer dem einen Gott?"

Während wir denken: „Na ja, das war ja gar nicht das Anliegen der Freunde. Mit der Vergebung seiner Sünden kann der Gelähmte ja wohl wenig anfangen, er möchte wieder gehen können!", denken die Pharisäer in anderen Kategorien. Sie denken, wie Theologen eben denken: „Sünden vergeben kann nur Gott, und wenn sich ein Mensch erdreistet, einem anderen Menschen zu sagen: Dir sind all deine Sünden vergeben, dann ist das anmaßend, dann nimmt jemand die Stelle Gottes ein, und das ist Gotteslästerung."

Jesus errät diese Gedanken: *Und Jesus erkannte sogleich in seinem Geist, dass sie so bei sich selbst dachten, und sprach zu ihnen: Was denkt ihr solches in euren Herzen? Was ist leichter, zu dem Gelähmten zu sagen: Dir sind deine Sünden vergeben, oder zu sagen: Steh auf, nimm dein Bett und geh umher?* (Mk 2,8 f.). Wir würden natürlich sofort sagen, dass es schwerer ist, einen Gelähmten tatsächlich so zu heilen, dass er seine Trage unter den Arm klemmen und losmarschieren kann, als ihm seine Sünden zu vergeben. Der normale Mensch sieht wieder mal nur das Augenscheinliche. Bei den Pharisäern ist es schon etwas schwieriger, sie kommen hier in eine Zwickmühle, denn die Sünden zu vergeben ist für einen Menschen unmöglich. Wenn aber dieser Mensch messianische Merkmale aufweist (zum Beispiel, dass Kranke gesund werden), so ist das ein Hinweis darauf, dass dieser eben kein normaler Mensch, sondern zumindest ein Prophet, ein „von Gott Gesandter" ist.

Jesus will aber zunächst auf etwas anderes hinaus. Das eigentliche Problem bei jedem Menschen ist seine Schuld und seine Trennung von Gott. Unabhängig davon, ob jemand krank oder gesund ist. Das eigentliche Wunder ist die Vergebung der Schuld, die Aufhebung vieler Fragen und Probleme, die viel tiefer liegen und die letztendlich die ganzheitliche Gesundung des Gelähmten bewirken. Wie bei der Erzählung vom Teich Bethesda verwirrt Jesus zunächst einmal den Kranken und die Umherstehenden, indem er eine scheinbar absurde Frage stellt oder indem er zunächst etwas sagt und tut, was sein Umfeld irritiert. Geradeso, als wolle er sagen: „Denkt nach, strengt euer Hirn an und schaut genau hin. Hier geht es doch um sehr viel mehr als nur um die Frage, ob ein Mensch gesund wird oder nicht." Hier wird etwas sichtbar von der unsichtbaren Welt, dem anbrechenden Reich Gottes mitten in dieser Welt. Dem Evangelisten Markus ist es ein Anliegen, Jesus als den verheißenen Messias darzustellen, und er wendet sich an eine Gemeinde, die aus Judenchristen und aus Heidenchristen besteht. Wohl deshalb berichtet er relativ ausführlich über die Auseinandersetzung mit den Schriftgelehrten, denn ähnliche Konflikte und Diskussionen über den Umgang mit jüdischen Traditionen innerhalb der christlichen Gemeinde hat es sicherlich gegeben.

Ihr sollt aber erkennen, dass der Menschensohn die Vollmacht hat, hier auf der Erde Sünden zu vergeben. Und er sagte zu dem Gelähmten: Ich sage dir: Steh auf, nimm deine Tragbahre, und geh nach Hause! Der Mann stand sofort auf, nahm seine Tragbahre und ging vor aller Augen weg. Da gerieten alle außer sich; sie priesen Gott und sagten: So etwas haben wir noch nie gesehen.

ES GIBT MENSCHEN, DIE TUN EINFACH GUT

Es gibt Menschen,
die wie Felsen
in der Brandung stehn
und die nicht so schnell
im Sturm der Zeiten untergehn,
die dann da sind,
wenn das Wasser dir zum Halse steht
und ein scharfer, kalter Wind
dir entgegenweht.
Es gibt Menschen,
die tun einfach gut.

Es gibt Menschen,
die dich nehmen,
wie du nun mal bist,
die dich nicht nur dann ertragen,
wenn schönes Wetter ist,
die sofort erkennen,
wenn bei dir mal Regen fällt
und das Leben dir mal wieder
böse Fallen stellt.
Es gibt Menschen,
die tun einfach gut.

Es gibt Menschen,
die versprühen so viel Energie.
Ich bin immer ganz geplättet,
wenn ich so was seh:
Ihre Augen, wie sie strahlen,
und sie machen Mut,
Es gibt Menschen,
die tun andern Menschen
einfach gut.
Es gibt Menschen,
die tun einfach gut.

Es gibt Menschen,
ja, die haben dich in ihrem Blick.
und sie denken, leben
auf für dich ein kleines Stück,
denn sie sehen und sie fühlen,
wenn du Hilfe brauchst.
Du spürst ihre starke Hand,
bevor du ganz abtauchst.
Es gibt Menschen,
die tun einfach gut.

Es gibt Menschen, die tun uns einfach gut. Jeder und jede hat solche Menschen in seinem oder ihrem Umfeld. Oft sind es Menschen, die ganz selbstverständlich zu unserem Leben dazugehören – mit denen wir oft vielleicht sogar achtlos umgehen –, Menschen, die uns zwar im Blick haben, aber die wir oft vernachlässigen. Ich habe des Öfteren als Pfarrer am Grab eines Menschen gestanden und die vielen Blumen und Kränze bewundert und bei mir gedacht: „Hätte dieser Menschen zu Lebzeiten solche Wertschätzung erfahren, wäre vielleicht manches anders gelaufen!"

Ein Mensch, der uns guttut, das kann zum Beispiel der Ehepartner oder die Lebensgefährtin sein. Wenn ich das in meinen Konzerten sage, schaut mich das Publikum oft etwas ratlos an, und ich sage dann: „Hm, Sie schauen so skeptisch!" Gerade bei Paaren, die länger zusammen sind, kann man die lustigsten oder auch traurigsten Sachen beobachten. Manche Paare beenden sich schon gegenseitig die Sätze, weil sie gar nicht mehr damit rechnen, dass das Gegenüber vielleicht mal etwas Neues sagen könnte…

Wie gehen wir miteinander um, wie sehen wir einander, gerade auch dann, wenn wir ganz eng vertraut sind? Es gibt manchmal Phasen, da habe ich den Eindruck, meine Frau habe zu allem, was ich tue und sage, einen Kommentar abzugeben. Als ich ihr das dann einmal sagte, war sie fast beleidigt und verkniff sich bei meiner nächsten Aktion ihren Kommentar mit den Worten: „Also, ich sag dazu jetzt mal nichts!"

Manchmal, leider öfter, als man denkt, mangelt es in unseren Beziehungen an Wertschätzung. Leider ist das Bemühen um den anderen oft einseitig. Gerade wir Männer lassen uns gerne bräsig bedienen ganz nach dem Motto: „Also, dass ich dich lieb habe, habe ich dir bei der Hochzeit gesagt, wenn sich was ändert, melde ich mich!" Wir gehen sehr sparsam mit Anerkennung und Wertschätzung um, wir sind sehr schnell dabei, einander die Meinung zu geigen oder den Kopf zu waschen, und viel zu selten geben wir zu erkennen: „Du tust mir gut! Ohne dich wäre mein Leben nicht so schön! Danke, dass du da bist!"

Gerade von einer Lebensbeziehung, von einer Ehe sagt doch die Bibel: *Zwei Menschen werden einander erkennen, sie werden ein Fleisch sein...* Das ist doch ein sehr schönes Bild: Ich erkenne mein Gegenüber, ich entdecke im anderen, in der anderen eine Gleichgesinnte, einen Wesensverwandten, eine, mit der ich zusammen sein und bleiben möchte. Und wie schön, wenn dieses Erkennen dann auch seine körperliche Erfüllung in gelingendem Sex findet. Vor etlichen Jahren, als unsere Kinder noch klein waren, fragte unsere damals siebenjährige Tochter: „Sag mal, Papa, was ist eigentlich der Sinn des Lebens?" Darauf antwortete unser damals zehnjähriger Sohn: „Also, das ist doch ganz einfach zu beantworten. Das steht doch in der Bibel: ‚Seid fruchtbar und mehret euch!'" Sprach's und lehnte sich genüsslich schmunzelnd zurück. Dieses „Erkennen" taucht gleich am Anfang in der Bibel schon auf, und zwar direkt nach dem Sündenfall, wo Adam und Eva plötzlich ihre Unbefangenheit verlieren und einander als nackt erkennen. Diese Rückkehr zur gegenseitigen Nacktheit und Unbefangenheit, wie sie im Sex idealerweise geschieht, nennt die Bibel folgerichtig auch „erkennen", nun aber im positiven Sinne – zwei kehren in einen vom Schöpfer gedachten unbefangenen Urzustand zurück. Sex eingebettet in eine vertrauensvolle Beziehung, ohne Scham, lässt uns das Paradies, den Himmel auf Erden, für kurze Zeit erahnen.

Das Wort „Adam" ist das hebräische Wort für „Mensch". Es geht also nicht um die Frage, ob Adam und Eva wirklich gelebt haben, sondern es handelt sich um eine orientalische Mythologie, die viel tiefer greift als die schlichte Frage: „Wie hat alles mal begonnen?"

Die Literatur ist voll von Witzen und Anekdoten über diese urmenschliche Beziehung. Da fragt zum Beispiel Eva ihren Adam: „Sag mal, Adam, liebst du mich eigentlich?", und Adam antwortet: „Wen denn sonst?" Oder Gott, der Schöpfer, ruft Adam und Eva zu sich und verkündet: „Ich habe noch eine Gabe, ein Geschenk für euch, eines könnt ihr frei wählen und eines habe ich festgelegt…" Adam ist ganz aus dem Häuschen, er lässt Gott gar nicht weiterreden: „Oh ja, oh ja, ich würde so gerne im Stehen pinkeln können…" Darauf der Schöpfer: „Dein Wunsch sei dir gewährt!", und Adam sprintet los, pinkelt an den erstbesten Baum. Dann läuft er runter ans Meer und lässt seinen Strahl ein Herz in den Sand malen, rennt hierhin und dorthin und markiert das gesamte Umfeld. Überglücklich und erschöpft kehrt er zurück, wo Gott geduldig und Eva leicht genervt auf ihn warten: „Das ist so toll", strahlt er, „und was hast du jetzt noch für Eva?" Daraufhin antwortet der Schöpfer: „Ein Hirn!"

In keiner Beziehung lasse ich den oder die andere so nah an mich heran wie in einer Ehe. Der jüdische Philosoph Martin Buber hat einmal gesagt: „Am DU reift das ICH!" Wenn diese

Nähe abhandenkommt und abstumpft, verlieren wir einander aus dem Blick, und irgendwann erkennen wir den anderen oder die andere nicht wieder. Wir sind uns fremd geworden: „Wo ist der Mann geblieben, in den ich mich vor vielen Jahren einmal so sehr verliebt habe?"

Unter jedem Dach: ein Ach!

Ach, die liebe Oma hat ihr Leben lang
stets für uns geackert, dachte kaum daran,
sich etwas zu gönnen, war für andre da.
Nun sitzt sie im Rollstuhl und denkt nicht mehr klar.
Was war das für ein Leben, da war so wenig Spaß,
den die Oma hatte, weil sie sich selbst vergaß,
doch solche Geschichten gibt es millionenfach,
denn unter jedem Dach haust: „ein Ach!"

Ach, wo ist die Liebe, die ich einst empfand,
plötzlich hingeraten, und was uns verband,
wurde aufgesogen von dem Alltagskram,
der uns nach und nach die Luft zum Atmen nahm.
Was ist das für ein Leben, wenn man nichts mehr
    schenkt
und längst nicht mehr voll Sehnsucht aneinander
    denkt.
Doch solche Geschichten gibt es millionenfach,
denn unter jedem Dach haust: „ein Ach!"

Ach, er schmiss auch diese Lehre wieder hin,
sieht in seinem Leben scheinbar nur den Sinn
morgens auszuschlafen und stets dort zu sein,
wo die Nächte lang sind und niemand gern allein.
Was ist das für ein Leben, das keine Zukunft kennt
und schon in jüngsten Jahren die beste Zeit
    verpennt.
Doch solche Geschichten gibt es millionenfach,
denn unter jedem Dach haust: „ein Ach!"

Unter jedem Dach: ein Ach!
Auch in Villen und Palästen
gibt es Neid und Krach,
weinen Menschen leise,
halten Sorgen wach,
unter jedem Dach – ein Ach.

Ach, da war das Erbe, um das der Streit begann,
als Großvater gestorben war, da fing alles an.
Um kleinste Kleinigkeiten wurde nun gezankt
und jenen, die ihn lang gepflegt, wurd es nicht
    gedankt.
Was ist das für ein Leben, das Egoisten führn,
die immer nur den eignen Mangel sehn und spürn.
Doch solche Geschichten gibt es millionenfach,
denn unter jedem Dach haust: „ein Ach!"

IN AUGENSCHEIN GENOMMEN

Eine meiner Lieblingssendungen im Fernsehen war lange Zeit „Bares für Rares…" mit Horst Lichter. Bei diesem TV-Format am Nachmittag werden Trödel und Kuriositäten erst in Augenschein genommen, dann von einem Experten beurteilt und bewertet. Wenn es passt, bekommen die Anbieter meistens von Horst Lichter eine sogenannte Händlerkarte, mit der sie das Objekt fünf Antiquitätenhändlern anbieten dürfen. Hier, beispielhaft, ein paar O-Töne: „Etwas ganz Besonderes hat Frau Meckes aus Gelsenkirchen im Gepäck, sie möchte den Speicher ihres Hauses ein wenig aufräumen…" Der familiäre Charakter ist wesentlich für die Sendung: Nicht die zu veräußernden Gegenstände stehen im Mittelpunkt, sondern der Blick auf den Menschen: „Erzählen'Se doch ma, wo ham'Se denn dat jute Stück her!", beginnt Horst Lichter, der mit seinen Gästen gern per „Du" ist – und schon wird ein Teil der Familiengeschichte unbefangen offenbart. In diesem Fall möchte Heidrun Meckes ein altes, sehr gut erhaltenes Schaukelpferd verkaufen.

Alles wird zunächst von einem fachlichen Experten und vom Moderator genau begutachtet – Person und Objekt. „Alfred, wat meinst du denn zu diesem prachtvollen Exemplar – is das tatsächlich schon 150 Jahre alt, wie die Heidi uns gerade erzählt hat?", nimmt Horst Lichter den Faden auf. Die Meinung des Experten ist sehr wichtig: Er sieht genauer hin, weil er sich auskennt, weil er weiß, zu welcher Zeit bestimmte Farben verwendet wurden, aus welcher Schnitzwerkstatt welche

Ornamente stammen und wo die Signaturen der jeweiligen Handwerker zu finden sind. Dieses genaue Hinschauen öffnet dann auch den Menschen, die ein Bild, eine Truhe oder eine Vase feilbieten möchten, erstmals die Augen für die Besonderheiten. Für sie haben die Objekte naturgemäß einen ganz anderen Wert. Sie verbinden damit eine Geschichte, eine Erinnerung. Und sie trennen sich mitunter von Liebgewonnenem.

Am Ende des ersten Teils stellt Horst die entscheidende Frage: „Heidi, wat haste dir denn vorgestellt? Wie viel willste denn für das Pferdchen noch erzielen?" Die Kamera richtet sich nun auf Heidrun Meckes, wie sie rumdruckst und dann irgendwann sagt: „Na, … so 400 bis 500 Euro wären schon schön…" Dann bekommt der Experte Alfred das Wort. Mit einem Monokel auf seinem linken Auge fixiert er eine bestimmte Stelle, wo das Pferdchen irgendwann ausgebessert wurde. Es folgt ein kleiner Vortrag über die Herkunft und das Alter des Objektes und manchmal blitzt in seinen Ausführungen schon die Möglichkeit auf, dass der präsentierte Gegenstand womöglich sehr viel mehr wert sein könnte, als die Dame angenommen hat (oder auch sehr viel weniger…). Alfred beendet seine Ausführungen mit dem Satz: „Aufgrund der Tatsache, dass dieses Schaukelpferd inklusive der Originalverpackung tatsächlich 150 Jahre alt ist und kaum Gebrauchsspuren aufweist, würde ich den Wert des Objektes durchaus auf 800 bis 1200 Euro festlegen." Nun schwenkt die Kamera auf das Gesicht der freudig überraschten Heidrun. Man sieht: Damit hat sie nicht gerechnet. Horst setzt noch einen obendrauf: „Na, das is doch ma ne gute Nachricht, dat wäre doch

jelacht, wenn da nicht ein wunderbarer Kurzurlaub rausspringen würde. Hier haste de Händlerkarte und nu viel Glück!"
Beglückt zieht Frau Meckes die Treppe hinauf in den sogenannten „Händlerraum", in dem, hinter einem langen Tresen, fünf Antiquitätenhändler warten, um mit der Dame zu feilschen.

Bevor die Verkäuferin den Händlerraum betritt, gibt sie noch einmal ein Statement von sich, wie hilfreich die Einschätzung des Experten war und wie gespannt sie nun auf die Verkaufsgespräche sei.

Die Antiquitätenhändler agieren sehr unterschiedlich. Eine Händlerin ist auf Schmuck spezialisiert, rechts außen sitzt ein kleiner, gedrungener Bayer mit Hosenträgern, der alles freundlich bajuwarisch kommentiert. Von ihm hat man den Eindruck, er würde alles kaufen, was „schön daherkommt". Daneben ein etwas exotisch wirkender langhaariger junger Mann, der eher distanziert wirkt. In der Mitte sitzt ein eleganter Conférencier aus Wien, der meistens die Unterhaltung mit der Verkäuferin in Gang bringt und auch abschließt. Ganz links außen schließlich sitzt ein Händler aus der Eifel, der seine ganz eigene Meinung zu den Dingen zu haben scheint.

In diesem Teil der Sendung spielt wieder die optische Wahrnehmung eine wichtige Rolle – die Mimik der Verkäuferin und der Händler und natürlich das Objekt. Immer wieder wird es im Detail eingeblendet und die Händler reichen es von Hand zu Hand, um es genau zu begutachten.

Irgendwann gibt es ein erstes Gebot. Zug um Zug bieten die Händler mehr oder geben bekannt, dass sie „raus sind". Der

Zuschauer kann dabei immer wieder das Gesicht der Verkäuferin beobachten und ihre Reaktionen ablesen. Das Geschehen ist faszinierend, es gibt in jeder Hinsicht viel zu sehen. Und es macht Spaß, das Taktieren der Händler zu beobachten. Ich leide mit Frau Meckes, wenn die Händler sich auf einen Preis eingeschossen haben, der weit unter dem Betrag liegt, auf den sie aufgrund der Experteneinschätzung zu hoffen gewagt hatte. Und ich freue mich natürlich diebisch mit den Verkäuferinnen und Verkäufern, wenn die Händler über das Ziel hinausschießen und weit mehr bieten als den veranschlagten Wert. Frau Meckes versucht, sich nichts anmerken zu lassen und cool zu bleiben. Als der Deal schließlich perfekt ist, erhält sie am Tresen die vereinbarte Summe in bar.

Die Sendereihe hat mich auf sehr sympathische Weise ermuntert, mein eigenes Umfeld liebevoll und neu in den Blick zu nehmen und zu fragen: „Ist das Kunst oder kann das weg?" Und vieles von dem, was wir über Jahrzehnte angesammelt haben, kann wirklich weg, verkauft oder auch weggeschmissen werden. Oft sehe ich ja vor lauter Bäumen den Wald nicht mehr. Und wie gut ist es, wenn wir hin und wieder ermutigt werden, unsere Wohnung und unser Leben in Augenschein zu nehmen und kräftig zu entrümpeln.

In einem ihrer Popsongs beschreibt die Sängerin der Gruppe Silbermond, wie sie in ihrem Zimmer sitzt, sich einmal genau umsieht und plötzlich feststellt, dass sie 99 Prozent von dem, was sie da sieht, nicht braucht. Das führt für sie zu dem Entschluss aufzubrechen und nur noch mit „leichtem Gepäck" zu reisen: „Es reist sich so viel besser mit leichtem Gepäck!"

Großzügigkeit ist der Schlüssel zu einem freien Leben. Wer alles auf Sparflamme kocht und jede Kleinigkeit bis ins Detail aufrechnet, wer nicht mehr in der Lage ist zu schenken und sich beschenken zu lassen, dem wird das Leben arm und eng. Das muss nicht sein, denn das Leben, ja, Gott selbst lädt ein zur Großzügigkeit. Die Bibel ist ein Buch, das Großzügigkeit „atmet", von Anfang an. Gleich der erste Satz beginnt mit: *Am Anfang schuf Gott Himmel...* Damit ist ja wohl der Kosmos gemeint: 100 Milliarden Galaxien, und in jeder dieser 100 Milliarden Galaxien befinden sich wiederum 100 Milliarden Sonnensysteme, so wie das unsrige eines ist – das ist groß. Und: Die Schöpfung ist ja noch nicht zu Ende: Das Weltall dehnt sich weiter aus, und zwar in Lichtgeschwindigkeit – das ist zügig – großzügig eben. Der erste Satz geht noch weiter: *Am Anfang schuf Gott Himmel und Erde.* Was für eine fantastische Vielfalt an Lebewesen und Pflanzen allein hier auf unserem blauen Planeten! Schon allein in einem einzigen Quadratmeter Watt tummelt sich eine unglaubliche Vielfalt an Arten, Bakterien und Pflanzen – kein Zweifel, die gute Schöpfung Gottes ist geprägt von einer geradezu unglaublichen Großzügigkeit.

Vor einiger Zeit hatte ich die Möglichkeit, als Bordseelsorger die MS Albatros, ein Kreuzfahrtschiff mit etwa 600 Passagieren, von Lima (Peru) über die Osterinsel und Tahiti bis nach Auckland (Neuseeland) vier Wochen durch die Südsee zu begleiten. Das war eine spannende Reise. Die südliche Ansicht der Welthalbkugel ist überwiegend blau – tagelang sah man nichts als den Pazifischen Ozean. Dabei sind wir über Meerestiefen von bis zu 11 Kilometern gefahren. Wir wissen nicht wirklich, was da unten ist. Man rechnet mit etwa 2,3 Millionen Meereslebewesen, von denen 91 Prozent noch nicht entdeckt wurden.[1]

Was sieht man, wenn man nichts als Meer sieht? Ich sehe die Weite und die Größe unserer Erde und ich freue mich, wenn ich eine Insel entdecke und ansteuern darf. Ich ahne und erlebe, dass sich in solchen abgeschiedenen Welten die Dinge anders entwickeln als in anderen Teilen der Welt. Auf der Osterinsel gab es zum Beispiel zehn Stämme, die zum Teil untereinander verfeindet waren, sie lagen miteinander im Wettstreit. Die großen, wunderbaren Moai-Statuen geben bis heute den Forschern Rätsel auf – was war ihre Bedeutung? Fakt ist, dass die Stämme der Osterinsel in einem geradezu grotesk schildbürgerhaften Wettstreit ihre eigene Insel komplett abgeholzt haben (u. a. für den Bau der großen Statuen) und die Nachhaltigkeit der eigenen Zukunftsgestaltung in keiner Weise im Blick hatten. Die Moai-Figuren schauen ins Inselinnere, zum Beispiel auf einen Versammlungs- und Kultplatz. Manche glauben, dass diese Figuren berühmte und wichtige Ahnen darstellten, die das Geschehen ihres Stammes im Blick hatten und weiterhin mitbegleiteten. „Du siehst mich!", dieses Bewusstsein hatten die Stämme der Osterinsel – sie wurden gesehen und beobachtet von ihren Vorfahren und Göttern. In jedem Fall hat es mich sehr berührt,

---

1 „Auf der Erde leben 8,7 Millionen Arten", GEO, 26. November 2011.

als ich diese bis zu acht Meter hohen Figuren so ganz aus der Nähe bestaunen durfte – stumme Zeugen einer rätselhaften Vergangenheit.

Die Großzügigkeit und Vielfalt der Schöpfung – sie steckt in diesem allerersten Satz: *Am Anfang schuf Gott Himmel und Erde.* Neben der Großzügigkeit ist die Bibel durchdrungen von der Möglichkeit der Vergebung. Denn nur wer großzügig ist, kann sich selbst und anderen vergeben. Am Ende der Bibel steht schließlich eine große Vision – von der Auferstehung: Der Tod, das Leid und der Schmerz haben nicht das letzte Wort. Ich bin eingebettet in eine Dimension der Unendlichkeit. Großzügiger geht es eigentlich nicht.

Wer großzügig ist, denkt nicht nur an sich selbst, sondern hat auch andere im Blick. Jemand, der Großzügigkeit erfährt, erkennt an seinem Gegenüber: „Du siehst mich!"

Ich kann Großzügigkeit lernen und üben, gerade im Urlaub geht das besonders gut. Begegnen Sie anderen großzügig, verschenken Sie Ihre Zeit, geben Sie mal ordentlich Trinkgeld (und runden Sie nicht nur um 30 Cent auf). Machen Sie sich doch mal den Spaß und gehen in den Supermarkt. Sie schnappen sich einen Einkaufswagen und packen den so richtig voll. Dann schieben Sie ihn zur Kasse. Und jetzt stellen Sie sich vor: Hinter Ihnen stellt sich ein Ehepaar mit zwei quengelnden Kindern und mit einem dick bepackten Einkaufswagen an und diesen Einkaufswagen lassen Sie jetzt vor sich – Sie werden sehen: Es funktioniert: Großzügigkeit ist etwas Schönes, Befreiendes und Sie werden ein Lächeln, vielleicht sogar ein nettes, kleines Gespräch ernten.

Wie man in den Wald hineinruft, so schallt es zurück!, sagt der Volksmund. „Behandelt die Leute so, wie ihr von den Leuten behandelt werden wollt", sagt Jesus von Nazareth (vgl. Lk 6,31). Nun denken Sie vielleicht: „Na ja, ich will im Supermarkt gar nicht vorgelassen werden, ich finde es gut, dass alles seine Reihenfolge und Ordnung hat!" Mag sein, dann sehen Sie es als Metapher dafür, wie schön es sein könnte, wenn wir alle etwas freier, humorvoller und weniger gestresst miteinander umgehen würden. Dann würden wir schnell feststellen, dass es stimmt: Großzügigkeit ist der Schlüssel zu einem freien Leben.

EINANDER BEGEGNEN

In dem Ort, in dem ich lebe, bin ich wahrscheinlich bekannt wie ein bunter Hund. Durch öffentliche Auftritte, Plakate und Zeitungsartikel kennen viele Leute einfach meinen Namen und auch mein Gesicht. Fakt ist: Viele, die mich kennen und erkennen, kenne ich nicht. Manche sagen mir nach, ich sei unfreundlich, verschlossen und arrogant, weil ich sie nicht grüßen würde (ich lebe in einer Region, in der man sich noch ansieht und grüßt, und das finde ich eigentlich sehr schön). Die Tatsache, dass ich die Menschen, die mir begegnen, oftmals nicht grüße, hat verschiedene Gründe. Zum einen kenne ich viele nicht so, dass ich sie erkennen und grüßen könnte. Zum anderen bin ich oft in Gedanken versunken und nicht besonders präsent, wenn ich in unserem Ort unterwegs bin. Manchmal stellen sich mir Leute, die ich eigentlich gut kenne, in den Weg und rütteln mich in gewisser Weise wach: „Hallo, ich möchte von dir gesehen werden und ich möchte dich grüßen!"

In einer Gesellschaft, in der viele so nach dem Motto „My home is my castle" vor sich hin wurschteln, man einander nicht mehr im Blick hat oder auf der Straße grüßt, finde ich es wichtig und schön, diesen guten alten Brauch der Wahrnehmung zu pflegen und neu zu beleben. Und natürlich möchte ich nicht, dass andere mich für unfreundlich oder arrogant halten. Also habe ich es eines Tages probiert und einfach alle in unserem Ort gegrüßt, die mir unterwegs begegnet sind. Das war mitunter ganz schön ernüchternd, denn etwa ein Drittel derer, denen ich mich so zugewandt habe, haben mich entweder erstaunt angesehen oder schlicht und ergreifend ignoriert. Ich kam mir vor wie der Mann, der zu einem Arzt in die Sprechstunde kommt und sagt: „Herr Doktor, ich habe den Eindruck, dass die Leute mich nicht wahrnehmen!" Der Arzt sieht auf, schaut durch ihn hindurch und ruft: „Der Nächste bitte!" Wie oft gehen wir selbst durch den Tag, sagen „Hallo" hier und dort, ohne unsere Mitmenschen wirklich zu sehen. Viele Begegnungen sind so oberflächlich, dass wir uns Stunden später oder am nächsten Tag an viele Personen gar nicht mehr erinnern. Es scheint, als würden wir durch sie hindurchschauen, so wie der oben beschriebene Arzt. Die Frage „Hallo, wie geht's?" oder noch schlimmer das amerikanische „How do you do?" ist ja nicht wirklich daran interessiert, wie es mir geht, sondern eigentlich nur Small Talk: Es geht nicht darum, dem anderen wirklich zu begegnen. „Ich sehe dich", sagt die

Na'vi Neytiri in dem Film Avatar als Begrüßung zu ihrem Gegenüber – und sie meint damit: „Ich sehe in dich hinein! Ich nehme dich wahr!" Was für ein schöner Gruß und welch achtsame Eröffnung eines Treffens! Wie schön ist es, wirklich in der Tiefe wahrgenommen zu werden – und wie wichtig zu lernen, wie wir achtsamer miteinander umgehen können.

Viele Menschen fühlen sich nicht wahrgenommen oder zumindest nicht so wahrgenommen, wie sie es gern hätten. Oft fehlt es an Wertschätzung, wir haben den Eindruck, dass das, was wir leisten, nicht gewürdigt wird. Es macht uns krank, wenn andere uns permanent übergehen und bevormunden, wenn Menschen nicht mehr mit uns reden und uns die kalte Schulter zeigen. „Man kann nicht nicht kommunizieren", hat der amerikanische Psychologe Paul Watzlawick einmal gesagt. Auch wenn ich in einer Runde den ganzen Abend nicht spreche, sage ich damit etwas. Oder wenn ich stumm an jemandem vorbeischaue – dann kommuniziere ich dennoch mit ihm und sage: Du bist mir egal, du bist Luft für mich! Die nonverbale Kommunikation ist oft viel härter und brutaler als das, was wir mit Worten von uns geben. Wenn Kollegen am Arbeitsplatz so tun, als wären wir Luft – das ist eine Form von Mobbing.

Wie gut ist es zu hören, dass wir gesehen werden, dass es einen Schöpfer gibt, der uns liebt und uns im Blick hat. Einen, dem es nicht egal ist, wie es uns geht. Der Gruß „Ich sehe dich!" wird so zum Segen und Begleitwort für unser Leben und kann uns ermutigen, dass wir selbst andere sehen und wertschätzend in den Blick nehmen.

DER STEIN

Mit ganzer Kraft bewegt
der Künstler jenen Stein,
der, grob und unbehauen,
scheint nur aus Fels zu sein.
Ganz langsam, Schritt für Schritt –
zwei vor und eins zurück –,
der Brocken wird von ihm
mit Macht zurechtgerückt.

Ein Wandrer kommt vorbei,
verwundert bleibt er stehn,
versucht, das, was er sieht,
wenn möglich zu verstehn.
„Hey, Bildhauer, erklär mir,
warum du voller Hast
dich mit all deiner Kraft
mit diesem Stein befasst!"

Der Künstler schaut ihn an
und deutet auf den Stein:
„Ein Engel liegt gefangen,
den möchte ich befrein.
Seit vielen Tausend Jahren
wartet er stumm darauf,
dass jemand ihn beachtet,
drum halte mich nicht auf!"

So mancher wurde stumm,
so viele sind allein, hörst du nicht
all die Engel, die nach Erlösung schrein?

So mancher kalte Klotz
ist auf den ersten Blick
ganz einfach nur ein Klotz,
der andre fast erdrückt.
Doch wer die Augen schult,
sieht, hört in manchem Stein
den Engel wohl ganz leis
dort nach Erlösung schrein.

So mancher wurde stumm,
so viele sind allein, hörst du nicht
all die Engel, die nach Erlösung schrein?

Drum schule, Wandersmann,
die Augen und die Ohrn
und gib die um dich her
nicht allzu schnell verlorn.
So mancher wurde stumm,
das Leben war gemein,
das Herz zog sich zurück
in einen kalten Stein.

So mancher wurde stumm,
so viele sind allein, hörst du nicht
all die Engel, die nach Erlösung schrein?

VERÄNDERTE SICHTWEISEN

„Geld macht nicht glücklich!", sagt der Volksmund. „Na ja, aber es hilft, das Unglücklichsein leichter zu ertragen", so die gängige Entgegnung. Man kann auf jeden Fall nicht sagen, dass Menschen mit genügend Geld unglücklicher sind als Menschen, die kein Geld haben. Ein gewisses Maß an Wohlstand trägt schon dazu bei, dass wir uns wohlfühlen. Bleibt nur zu klären, wie sehr wir uns von Besitz und Wohlstand bestimmen lassen.

Seit vielen Jahren bin ich mit dem Benediktinerpater Anselm Grün befreundet. Bei unseren Gesprächen stelle ich immer wieder beschämt fest, wie sehr ich mich mitunter von materiellen Motiven leiten lasse… Dabei bin ich oft viel weniger gelassen und ausgeglichen als mein Freund, der Pater. Nicht, dass ich generell mit ihm tauschen wollte, aber der Verzicht auf Besitz und die asketische Lebensweise eröffnen ihm anscheinend einen freien und unabhängigen Lebensstil. Sie eröffnen außerdem einen oftmals so ganz anderen Blick auf die Dinge. Gerade das macht die Begegnungen mit ihm so besonders und wertvoll.

Dabei ist Pater Anselm jemand, der durchaus mit Geld zu tun hat und hatte. Er ist Bestsellerautor, spendet seine mitunter durchaus respektablen Honorare seiner Gemeinschaft, und er war jahrzehntelang der Cellerar, also Schatzmeister seines Klosters. Er hat in Aktien investiert und zum Wohl seines Klosters u. a. auch an der Börse spekuliert – nur eben ohne Eigennutz. Die Habgier, die leicht von einem Menschen Besitz ergreift, konnte ihm nichts anhaben, denn es ging nie um seinen persönlichen Reichtum. Der Verzicht auf Reichtum hat bei einem, der mühelos Millionär sein könnte, noch einmal eine ganz andere Qualität. Wie ändern sich Perspektiven, die Sichtweisen eines Menschen, wenn er zwar viel mit Geld zu tun hat, aber persönlich mit einem Taschengeld von 50 Euro im Monat auskommt? Ich habe ihn einfach mal gefragt...

Lieber Pater Anselm, was bedeuten für dich Geld, Besitz und Wohlstand?

Als Mönch habe ich keinen persönlichen Besitz, außer meinem CD-Player, den mir meine Geschwister zu einem runden Geburtstag geschenkt haben. Persönlicher Besitz bedeutet mir nicht viel. Aber als Cellerar musste ich dafür sorgen, dass die wirtschaftliche Zukunft des Klosters gesichert ist, dass dort auch in Jahrzehnten noch Mönche leben können und dass die Mitarbeiter einen sicheren Arbeitsplatz haben. Geld dient den Menschen. Das ist für mich der wichtigste Grundsatz. Und ein anderer Grundsatz: Ich gehe mit Geld um, aber ich muss innerlich frei sein gegenüber der Gier, immer mehr haben zu wollen. Die Gier kann sich durchaus auch einschleichen, wenn ich das Geld für andere erwirtschafte. Also ist der Umgang mit Geld für mich immer eine spirituelle Herausforderung.

Allein aufgrund deiner Buchumsätze könntest du Millionär sein. Warum verzichtest du auf all die Annehmlichkeiten des Wohlstands und wählst die karge Existenz als Mönch?

Luxus war für mich nie eine Versuchung. Schon in der Kindheit haben mich meine Eltern Sparsamkeit gelehrt. Mein Vater hatte ein Geschäft. Nach dem Krieg gingen die Geschäfte nicht gut. Wir lebten nicht ärmlich, aber einfach. Das Wichtigste war uns die Erfahrung der Gemeinschaft. Und die war bei sieben Kindern immer spannend. Jetzt im Kloster lebe ich als Mönch unabhängig. Ich habe genug und gut zu essen. Und ich bin frei. Ich brauche mich um vieles nicht zu sorgen.

Was sagst du zu dem Satz „Geld macht nicht glücklich"?
Natürlich braucht man zum Glück auch einen Grundstock an Geld. Aber immer mehr Geld zu haben, macht nicht glücklich. Wenn man vom Geld das Glück erwartet, dann erwartet man von äußeren Dingen das Glück. Das Glück liegt aber in uns. Die äußeren Dinge beeinflussen natürlich auch das Glück. Von daher stimmt der Satz nicht ganz. Wer ganz ohne Geld ist, ist auch nicht glücklich.

Was würdest du tun, wenn du 30 Millionen zur Verfügung hättest?
Ich würde einen Teil für die Alterssicherung der Mönche und für soziale Projekte des Klosters zurücklegen und gut anlegen. Den anderen Teil würde ich spenden. Aber ich würde mir gut überlegen, wo ich das Geld so einsetzen kann, dass Menschen in Not auf Dauer geholfen wird.

Du hattest als Cellerar mit sehr viel Geld zu tun. Hat sich da niemals der Wunsch nach eigenem Reichtum gemeldet?
Nein, der Wunsch nach eigenem Reichtum kam niemals auf. Aber der Wunsch, dem Kloster die Zukunft zu sichern und

dabei auch gute Gewinne zu machen, den habe ich natürlich ge-
spürt. Und da musste ich aufpassen, dass sich dann nicht doch
Gier eingeschlichen hat. Auch wenn ich das Geld für das Klos-
ter erwirtschafte, entsteht doch der Ehrgeiz, es besonders gut zu
machen. Und da musste ich mich immer wieder zurückhalten
und mich an das rechte Maß halten, zu dem uns Benedikt in sei-
ner Regel ermahnt.

Wo liegen deiner Meinung nach die Gefahren des Kapitalismus und unseres derzeitigen Weltwirtschaftssystems?
Es sind für mich vor allem drei Gefahren:

1. Alles wird immer nur nach ökonomischen Gesichtspunkten
betrachtet. Jede Zuwendung, die eine Krankenschwester einem
Patienten gibt, wird sofort finanziell berechnet. Da wird das
Geld zum wichtigsten Kriterium für unser menschliches Tun.
Das tut uns nicht gut.

2. Der reine Kapitalismus gleicht dem Darwinismus: Die
Macht des Stärkeren wird propagiert. Die Stärksten geben den
Ton an und unterdrücken die Armen oder beuten sie sogar aus.

3. An der Börse anzulegen ist für mich normal. Doch die Ge-
fahr besteht darin, dass neunzig Prozent der Umsätze an der
Börse rein virtuell sind. Da werden von Spekulanten Luftblasen
in die Welt gesetzt. Aber diese Luftblasen können Länder in den
Ruin stürzen.

Danke!

Der Verzicht auf Reichtum hat bei einem, der mühelos Millionär sein könnte, eine ganz andere Qualität, als wenn jemand, der sowieso kein Geld hat oder haben könnte, über den Verzicht auf Reichtum sinniert. Vor etlichen Jahren bin ich einmal dem früheren Stadtkämmerer der Stadt Frankfurt, dem Grünen-Abgeordneten Tom Koenigs, begegnet. Tom Koenigs kam aus einem wohlhabenden Elternhaus und hatte in jungen Jahren sein Millionenerbe zugunsten der Roten Khmer in Kambodscha verschenkt. Auf meine Frage, ob er das heute auch noch so handhaben würde, antwortete er: „Diese Frage ist nicht legitim, denn ich habe es ja bereits einmal getan, damals aus voller Überzeugung. Damit habe ich viel mehr gewagt, als die meisten Menschen jemals wagen würden." Und damit hatte er natürlich recht.

Jesus provoziert einen Mann, der zu ihm kommt und ihm die Königsfrage, die Frage aller Fragen, stellt: „Was muss ich tun, um ewig zu leben?" Anders gesagt: „Welchen Weg gibt es zu dem größten Glück, das einem Menschen widerfahren kann, nämlich zu wissen, dass der Tod nicht das letzte Wort hat?" (vgl. Lk 18,18 ff.).

Jesus provoziert ihn, weil er ihm – jedenfalls scheinbar – eine Nullachtfünfzehn-Antwort gibt: „Halte dich an die Gebote deiner Väter – die zehn Gebote!"

Darauf antwortet sein Gesprächspartner: „Das habe ich seit meiner Jugend getan!"

Als Jesus das hörte, sprach er zu ihm: Es fehlt dir noch eines. Verkaufe alles, was du hast, und gib's den Armen, so wirst du

einen Schatz im Himmel haben, und komm und folge mir nach!
Als er das aber hörte, wurde er traurig; denn er war sehr reich.

Wenn der Mann glaubt, er habe alle Gebote seit seiner Jugend gehalten, dann dürfte ihn diese Provokation Jesu nachdenklich machen, denn gleich das erste Gebot heißt ja: „Ich bin der Herr, dein Gott ... Du sollst keine anderen Götter haben neben mir!" Was steht an erster Stelle in meinem Leben? Wovon lasse ich mich bestimmen? Sind es das Geld, mein Besitz und meine Altersvorsorge, über die ich am meisten nachdenke, oder ist es das Wesen Gottes, von dem ich mein Leben bestimmen lasse?

„Woran du dein Herz hängst, das ist dein Gott!", hat Martin Luther einmal gesagt, und so gesehen ist Deutschland ein heidnisches Land, denn unser Gott heißt Mammon. Stellen Sie sich einmal an den Eingang oder Ausgang einer Bank und beobachten Sie, wie die Leute da ein- und ausgehen – das hat liturgische Züge. Und zwischendurch kommt die „Textlesung". Je nachdem, was da auf den Kontoauszügen steht, gehen die Menschen erhobenen oder gebeugten Hauptes aus dem „Mammontempel". Genau das ist auch die Reaktion dieses Mannes, er geht gebeugten Hauptes davon, enttäuscht von Jesus und seiner radikalen Anweisung: Er zieht sich zurück, weil er sich das nun wirklich nicht vorstellen kann, alles zu verschenken. Offensichtlich war dieser Mann sehr reich. Und er war nicht bereit, solch einen hohen Preis zu bezahlen. Dem Evangelisten Lukas ist es ein durchgängiges Anliegen, auf die Kluft zwischen Arm und Reich hinzuweisen (ähnlich wie bei der Erzählung vom reichen Zöllner) und dabei auch immer wieder die Verantwortung zu thematisieren, die gerade die Reichen gegenüber der christlichen Gemeinde haben. Die Gemeinden brauchten damals wie heute schlicht und ergreifend Geld.

Und Lukas erzählt weiter: *Als aber Jesus sah, dass er traurig geworden war, sprach er: Wie schwer kommen die Reichen in das Reich Gottes!*

Da haben wir es wieder, dieses „Sehen". Jesus sieht den reichen Mann an, er schaut ihm bis ins Herz und durchdringt seine Fassade und den Wunsch, ein anderes und neu erfülltes Leben zu führen. Sein Wunsch erweist sich als Makulatur, er ist eben doch nicht bereit, alles auf eine Karte zu setzen und sich vom Blick Jesu, vom Blickwinkel Gottes in dieser Welt, neu die Augen öffnen zu lassen.

Denn es ist leichter, dass ein Kamel durch ein Nadelöhr gehe, als dass ein Reicher in das Reich Gottes komme. Da sprachen, die das hörten: Wer kann dann selig werden? Er aber sprach: Was bei den Menschen unmöglich ist, das ist bei Gott möglich.

Jesus kommentiert dieses Geschehen folgendermaßen: „Wer in erster Linie auf seinen Reichtum vertraut, wird es sehr schwer haben, einen Weg in das Reich Gottes zu finden."

Doch genau da beginnt das Glück, von dem dieser wohlhabende Mann träumt, das Glück vom ewigen Leben: mit dem Reich Gottes. „Kehrt um, denn das Reich Gottes bricht an!", war die Kurzformel der Botschaft Jesu. Äußerliches Zeichen dieser radikalen Abwendung „vom Bisherigen" war die Taufe im Jordan. Und auch die Männer, Frauen und Kinder, die sich nach Jesus dort taufen ließen, wurden komplett im Wasser untergetaucht. Der Apostel Paulus beschrieb das einmal so: „Im

Untertauchen sterben wir mit dem Gekreuzigten und im Auftauchen tauchen wir auf hinein in die Auferstehungswirklichkeit des Christus" (vgl. Röm 6,3 f.).

Ist jemand in Christus, so ist er eine neue Kreatur; das Alte ist vergangen, siehe, Neues ist geworden (2. Kor 5,17), schreibt er in seinem Brief an die Gemeinde in Korinth. Wir Christen sind die einzigen Menschen auf dieser Erde, die aus der Wirklichkeit der Auferstehung leben. Wenn ich also erfahren möchte, was es bedeutet, aus dieser Wirklichkeit zu leben, bedarf es dieser radikalen Hinwendung zu Christus.

Ja, und? Kann ich das nicht auch als jemand, dem sein Geld und sein Besitz wichtig sind? Doch, natürlich, aber es ist schwerer.

Viele Menschen, die reich sind, haben auch Angst um ihren Reichtum, haben Angst, ihr Geld falsch anzulegen, haben Ängste, oft ganz irrationale Ängste, wieder alles zu verlieren. Viele, die reich sind, wollen immer reicher werden, und aus dieser Konzentration auf den Wohlstand erwächst eine ungesunde Habgier. Und manche, die ein großes Erbe antreten, spüren und sehen gar nicht die Gefahr, in der sie sich befinden. Sie haben keinen Bezug zu dem Geld, das ihnen zur Verfügung steht, und denken unter Umständen, sie könnten sich alles kaufen. Doch das Reich Gottes, die Lebensdimensionen von Glück, die uns Jesus eröffnet, erwächst auch aus dem Verzicht und der Bereitschaft, zu teilen.

Jenseits des Geldes gibt es aber auch noch andere Reichtümer, die wir haben und die uns bestimmen. Mancher hat viele Begabungen und seine Falle ist die Eitelkeit, manche hat

unendlich viele Termine und ihre Falle sind „Allmachtsfan-
tasien" (also: „Ohne mich läuft es ja doch nicht"). Mancher
hat viele Kontakte und seine Gefahr ist die Oberflächlichkeit.
Verzicht kann dann zu einem Weg zum Glück werden, wenn
wir lernen, das richtige Maß zu finden. Denn: Weniger ist oft
mehr.

Gefangen im Netz

„Ich muss nur noch die Welt retten, danach flieg ich zu dir.
Noch 148 Mails checken, wer weiß, was mir dann noch passiert …", singt Tim Bendzko in seinem bekannten Lied. Es soll
Menschen geben – Kinder, Jugendliche, Erwachsene, Senio-
ren –, die „nur noch schnell ein paar Mails checken wollen",
und zwar ständig und überall. Sie sind so vertieft und vernarrt
in ihre Tätigkeit, als hinge ihr ganz persönliches Heil davon ab
und zumindest die Rettung der Welt. Und wehe, man wagt es,
diesen Wahnsinn infrage zu stellen.

Bei vielen von uns spielt sich ein Teil unserer Lebenswirklichkeit im Fernsehen, auf dem Smartphone, per WhatsApp
oder im Internet ab. Über eine Milliarde regelmäßiger Be-
nutzer chatten und informieren sich über Facebook. Ich kann
mein Netz ständig erweitern, erhalte Freundschaftsanfragen,
womöglich von Menschen, die ich überhaupt nicht kenne,
werde zu Gruppen eingeladen, die Probleme haben, von denen
ich gar nicht wusste, dass sie existieren. Hier im Netz kann ich

mich neu erfinden. Im wahren Leben kann ich ein fetter, sabbernder, Cola-Kasten-vernichtender 300-Kilo-Fleischklops sein, der sich überhaupt nicht mehr aus dem Haus bewegt – und mich gleichzeitig im Internet als junger, dynamischer Zehnkämpfer präsentieren. „Lebe nicht deinen Traum, sondern erträume, erschaffe dir ein neues digitales Leben." Als Facebook immer populärer wurde, dachte ich mir: Na ja, irgendwie musst du da auch mit dabei sein. Außerdem war ich auf der Suche nach einer bestimmten Person und hoffte, diese bei Facebook zu finden. Das hab ich auch, allerdings war ich dann angemeldet, hatte mir ein Profil erstellt und los ging's: Ich wurde haufenweise bombardiert mit Freundschaftsanfragen von Leuten, die ich nicht kannte. Ich wurde angestupst und angechattet und ich erhielt ständig irgendwelche Einladungen, irgendwo mitzumachen und dabei zu sein. Zeitweise kam ich mir vor wie ein Gefangener im Netz, weil ich die Leute ja nicht enttäuschen wollte. Ich dachte: Na ja, vielleicht kennst du sie ja doch oder zumindest kennen sie dich und finden dich nett und du willst sie ja auch nicht vergraulen. Die 1500. Freundschaftsanfrage nahm ich dann zum Anlass, aus diesem Netzwerk auszusteigen und schwupps hatte ich auf einmal wieder viel mehr Zeit und viel weniger nutzlose Informationen. „Ich geh mir jetzt mal 'nen Kaffee kochen!", lese ich nun nicht mehr bei Sven, und mir ist es auch egal, dass 22 Leute „Daumen nach oben – find ich gut" angeklickt haben.

Dabei ist es wichtig, sich ein Netzwerk aufzubauen, und das Internet kann uns dabei helfen – aber dann bitte doch nicht wahllos, sondern ausgewählt. Kontakte zu Freunden,

Verwandten, zur Familie und Arbeitskollegen … Man muss heutzutage ein guter Netzwerker sein, um Erfolg zu haben.

Gefällt mir

"Gefällt mir", heißt der Button, den man aktiviert,
wenn man im großen Netzwerk was Schönes sieht
    und hört.
Man muss es nur anklicken, das Icon "Daumen
    hoch",
und wird so gleich von andern ein bisschen mehr
    gemocht.

"Gefällt mir", wie du die Dinge siehst,
"Gefällt mir", wenn du dich nicht entziehst,
"Gefällt mir", wenn ich dir dann und wann
auch ohne Netz und Facebook ganz frei begegnen
    kann.

"Gefällt mir" aus der Ferne wird so sympathisiert
mit hunderttausend Leuten, die man kaum kennt
    und spürt.
"Geliked" wird jeder Pupser, wenn ich mir Kaffee
    koch,
dann finden zehn das prima: "Der Clemens lebe
    hoch!"

„Gefällt mir": Ohne Netzwerk wär manches nicht
    geschehn,
hier fanden viele Mut, auch aus dem Haus zu gehn,
auf Plätzen sich zu treffen: „Ihr Mächtigen, habt
    acht!" –
sie wussten aus dem Internet, die Masse hat viel
    Macht!

„Gefällt mir": Allzu selten hab ich dir zugenickt
und dich statt eines Buttons einfach mal fest
    gedrückt,
dich in den Arm genommen, gezeigt: „Ich hab dich
    lieb
und was du machst, ist prima, wie schön, dass es
    dich gibt!"

Im Neuen Testament lernen wir solch einen Netzwerker kennen. Ein Mann, der die Begegnungen suchte und ermöglichte, das spiegelte sich schon in seinem Namen: Iskariot, das kommt von dem hebräischen Wort queriot = Begegnungen. In Judäa gab es auch ein Dorf, das so hieß. „Isch Kariot" = der Mann aus Kariot.

Ob er nun von dort kam oder nicht, wo immer er herkam, das war sein erstes und ältestes Netzwerk – die Leute aus seinem Dorf, seine Familie, Freunde, die Nachbarn, das war seine Heimat, sein Zufluchtsort.

Eine andere Theorie vermutet, dass sein Beiname auf seine Mitgliedschaft bei den damaligen Zeloten hinweist, die zum Teil nach Art eines Guerillakampfes gewaltsame Attentate auf Römer oder deren Kollaborateure verübten und deshalb von diesen Sikarier („Dolchträger" im Sinne von „Meuchelmörder") genannt wurden. Das war das zweite mögliche Netzwerk; terroristische Zellen sind angewiesen auf Netzwerke – nur so funktioniert es: Du musst wissen, wo du untertauchen kannst, du musst wissen, wo du neue Pässe und Waffen herbekommen kannst. Nur mithilfe eines Netzwerkes weißt du, wer dich über welche Grenze bringen kann.

Sein Vorname Judas weist auf einen Stammvater der zwölf Stämme Israels hin. Judas Ischariot war Mitglied der jüdischen Gemeinde, einem der ersten weltweiten Netzwerke überhaupt, das es bis heute gibt. Die Tatsache, dass das jüdische Volk bis zum heutigen Tag immer wieder verfolgt wurde, zwang die Menschen, zu ausgefeilten Netzwerkern zu werden. Da es den Juden im Mittelalter außerdem verboten war, ein Handwerk auszuüben, begannen sie zu handeln und Geld zu verleihen. Das sind heute die weltweit größten Netzwerke: der Handel und die Banken.

Diese drei Netzwerke hatte der Mann aus Kariot, der Dolchträger, ein Mann aus dem jüdischen Volk, bereits im Hintergrund, als sich ihm ein völlig neues Netzwerk eröffnete. Es war ein exklusives Netzwerk, zu dem viele gern Zugang gehabt hätten: Er wurde in den Kreis der zwölf Jünger Jesu berufen – das war spannend. Dieser Judas muss ein sympathischer Bursche gewesen sein, denn in den Evangelien wird immer gleich der Zusatz gebracht: „der Jünger, der Jesus später verriet".

Das ist wohl die beste Art, eine Pointe zu verhauen: „Judas Ischariot, der Jünger, der Jesus später verriet". Stellen Sie sich vor, Sie lesen einen Roman, und da steht dann auf Seite 10: „Henry Miller, der Butler, der ganz am Ende der Geschichte mit der Tochter des Hauses durchbrennen wird…" Die ganze Spannung ist raus.

Doch die Verfasser der Evangelien machen von vornherein klar: „Fang gar nicht erst an, diesen Judas zu mögen, denn das ist der, der später Jesus verraten wird!" Also muss er sympathisch gewesen sein. Und jemand, der sympathisch ist, dem öffnen sich viele Türen, gerade auch dann, wenn er ein Netzwerker ist. Außerdem muss er zuverlässig und absolut loyal gewesen sein, denn er wurde von Jesus zum Schatzmeister ernannt, er war der Finanzminister, der Cellerar; das, was Pater Anselm Grün lange Zeit im Kloster Münsterschwarzach war. Er verwaltete die Reisekasse der Jünger. Von Anselm Grün weiß ich, dass man heutzutage vernetzt sein muss, wenn man das Geld eines Klosters erhalten oder noch besser vermehren möchte. Ein ganz wichtiges Netzwerk ist die Börse und alles, was mit Aktien zu tun hat. Judas, der Mann aus Kariot, Mitglied eines Geheimbundes, Mitglied des jüdischen Volkes, einer der zwölf Jünger, hatte sicher die meisten Außenkontakte. Er war dabei, wenn Dinge besorgt werden mussten, hielt Kontakt zu den Händlern und zu den Privatleuten, bei denen sie übernachten konnten. Er war derjenige, den die wohlhabenden Bürger, die Jesus inkognito unterstützen wollten, beiseitenahmen und ihm Geld zusteckten.

Warum finden wir diesen sympathischen, zuverlässigen und begabten Mann im Kreis der Jünger Jesu? Nun, sicher deshalb, weil Jesus eine Aura hatte, der man sich nur schwer entziehen konnte. Und als gläubiger Jude wartete Judas auf den Messias, auf den, der dem geheimen Untergrundruf „Römer raus aus Israel" wenn nötig mit Gewalt Gehör verschaffen würde. Der Messias würde als „Sohn Davids" an das strahlende und verklärte Königreich der alttestamentlichen Könige anknüpfen. Wenn es stimmt, dass Judas Kontakt zu terroristischen Kreisen hatte, dann sehnte er sich nach einer Befreiung Israels. Und Jesus war eindeutig einer der wichtigsten Hoffnungsträger seiner Zeit. Denn er sprach ständig von einem anbrechenden Reich Gottes: „Kehrt um, denn das Reich Gottes bricht an!" Wie anders, so dachte sich Judas wohl, sollte dieses Reich, dieser Gottesstaat anbrechen als mit Gewalt – die Römer mussten ja erst einmal vertrieben werden. Dieser Jesus war außerdem faszinierend anders: Er heilte Kranke, hatte keine Angst vor Außenseitern, respektierte Frauen als vollwertiges Gegenüber, nahm sie ernst und suchte das Gespräch mit ihnen. Er legte sich mit den Etablierten und den religiösen Autoritäten an und war bestens informiert. Jesus war ein hervorragender Rhetoriker, seine Ansprachen und Streitgespräche waren legendär. Ganz klar: Der Mann aus Kariot setzte auf diesen Mann aus Nazareth. Ein bisschen verwirrend war es zwar, dass Jesus sich so klar gegen jegliche Gewalt aussprach, aber das konnte sich ja noch legen. Wenn sich die Lage erst einmal zuspitzte, würde auch Jesus erkennen, dass sie Verbündete brauchten, und da hatte er ja dann ein Netzwerk im

Hintergrund, das nur darauf wartete, aktiviert zu werden. Einmal hatte Jesus bereits gezeigt, dass auch ihm der Kragen platzen konnte. Das hatte Judas schon erlebt, als Jesus im heiligen Zorn die Händler und Geldwechsler aus dem Tempel vertrieb, ihre Tische umstieß und brüllte: „Dies ist kein Kaufhaus, sondern ein Gotteshaus!" Deshalb hatte Judas auch angeregt, dass sich die Jünger bewaffnen sollten, doch Jesus meinte dazu nur: „Zwei Schwerter sind genug" – gerade mal so viel, um sich im äußersten Notfall zu verteidigen.

Judas war sich sicher: Die Zeit würde zeigen, was tatsächlich gebraucht werden würde.

Das Netzwerk des Judas kam immer dann ins Spiel, wenn Vermögen in der Luft lag oder wenn es etwas zu besorgen gab.

Zum Beispiel, als es galt, fünftausend Menschen zu verpflegen, und die Jünger gegen Abend die Idee hatten, die Leute wegzuschicken, damit sie sich etwas zu essen organisieren konnten, da sagte doch Jesus tatsächlich: „Gebt ihr ihnen zu essen!" Das war typisch für ihn – Jesus war ein Fantast. Da war es natürlich die Aufgabe des Finanzministers zu fragen: „Und wer, bitte schön, soll das bezahlen?" Auch Judas muss es erstaunt haben, zu sehen, dass fünf Brote und zwei Fische am Ende ausreichten, um alle satt zu machen. Es blieb sogar noch eine Menge übrig. Das faszinierte ihn – das war das Zukunftsbild einer freien Gesellschaft mit Gütergemeinschaft und keiner Kluft mehr zwischen Arm und Reich – der Vorgeschmack auf das neue Gottesreich.

Judas hatte sicher seine ganz eigene Meinung zu dem Gespräch, das Jesus mit dem reichen Mann führte, der ins Reich

Gottes kommen wollte und traurig davonging. Judas ließ ihn sicherlich nicht einfach so ziehen, vielleicht hat er ihn anschließend beiseitegenommen und ihn besänftigt. Vielleicht habe er ja Lust, dem Freundeskreis beizutreten und Jesus finanziell heimlich zu unterstützen? Dann wäre er doch auch irgendwie beteiligt... So oder so ähnlich würde das zumindest heutzutage laufen...

Und natürlich konnte Judas nicht über seinen Schatten springen, als er mitbekam, wie eine Frau eine wunderbare, äußerst kostbare Salbe nahm, Jesus über die Füße schüttete und diese damit einrieb. „Was hätte man alles Gutes tun können mit dem Geld, das man für diese Salbe bekommen hätte!"

Sein Bild von diesem Nazarener bekam mit der Zeit einige Risse. Und je mehr sie auf Jerusalem zukamen, umso unruhiger wurde Judas. Jesus sendete keinerlei Signale, die in Richtung Bewaffnung oder militärische Auseinandersetzung gingen. Und so machte sich mehr und mehr die Enttäuschung bei Judas breit und er begann ein weiteres Netzwerk aufzubauen: Er nahm Kontakt auf zu dem religiösen Establishment, dem Hohepriester und seinen Leuten. Ich glaube, Judas wollte Jesus zwingen, endlich zu handeln. Wenn die Leute des Hohepriesters erst einmal versuchen würden, ihn gefangen zu nehmen, dann wäre der Druck so groß, dass der kochende Topf überlaufen würde und es endlich zum ersehnten Befreiungsschlag käme. – Ich stelle mir vor: Er hatte alles gut vorbereitet, hatte Kontakt zu seinen alten gewaltbereiten Kreisen, die bereitstanden, um an der Seite Jesu zu kämpfen. Und wenn der Funke erst einmal entzündet war, dann würde es sicher zu einem Volksaufstand kommen…

Nett dabei war auch, dass die Leute des Hohepriesters bereit waren, Geld für den Verrat an Jesus zu bezahlen und so die Kriegskasse der Jünger zu füllen. Eine Win-win-Situation, wie sie nur einem echten Netzwerker gelingen konnte. Judas war so vernarrt in seine Idee, dass er gar nicht merkte, wie weltfremd und weit entfernt von der Realität all das war, was er sich da zusammengesponnen hatte – er war ein Besessener, ein Gefangener im eigenen Netzwerk.

Ich kenne diese Situation, dass mich das Netz gefangen nimmt. So sehr, dass ich stundenlang vor dem PC sitze und gar nicht merke, wie die Zeit verfliegt. Besonders krass wird es bei Online-Spielen wie *World of Warcraft*, bei dem man aufsteigen und Punkte sammeln kann und Verabredungen im Netz mit anderen trifft. Die anderen brauchen einen, um einen bestimmten Gegner zu besiegen, und so kommt man aus der virtuellen Welt gar nicht mehr heraus. Es gibt große Internetforen, die sich als eine Art Selbsthilfegruppe um die Opfer dieses Spieles kümmern. Denn von der Sucht des Spielers ist ja auch die restliche Familie betroffen. Manche Spieler verlassen das Haus nicht mehr, sind quasi Tag und Nacht online, nur um ihr Spiel voranzutreiben. Sie gehen nur noch übermüdet in die Schule, brechen ihr Studium ab oder verlieren ihre Arbeitsstelle. – Ja es gibt sie wirklich, die Gefangenen im Netz…

So ein Gefangener wurde Judas in genau jenem Netzwerk, das er aufgebaut hatte, und er kam aus der Nummer nicht mehr raus, sodass Jesus am Vorabend des Passahfestes zu ihm sagte: „Was du tun musst, das tue bald!" Judas schlich sich darauf hinaus in die Nacht. Schließlich führte er die Soldaten und Männer des Hohepriesters zu Jesus in den Garten Gethsemane und hoffte so inständig, dass Jesus reagieren und sich endlich wehren würde – doch nichts von alledem geschah: Jesus wurde gefangen genommen, gefoltert, verhört, verhöhnt und schließlich am Kreuz von Golgatha hingerichtet.

Zu spät, viel zu spät, erkannte er seinen Irrtum, so sehr war er ein Gefangener seines eigenen Netzwerkes. Und als er es erkannte, wollte er das Geld nicht haben und zurückgeben, aber seine Kontaktleute wiesen ihn zurück: „Das ist Blutgeld, das taugt noch nicht mal für den Opferstock im Tempel!" Je mehr er versuchte aus dieser Verstrickung herauszukommen, desto mehr war er Gefangener im Netz der gesponnenen Intrige. Am Ende war ein Strang der letzte Ausweg des völlig verzweifelten Judas.

Leider bekam Judas das Entscheidende gar nicht mehr mit, die Botschaft: „Der Tod, das Leid und der Schmerz haben nicht das letzte Wort, der Herr ist auferstanden, er ist wahrhaftig auferstanden." Diese frohe Botschaft ging wie ein Lauffeuer um die Erde. Das war die gute Nachricht der ersten Christen: Wir sind nicht mehr Gefangene im Netz des Todes, sondern das Netz ist durchschnitten und wir haben unendlich viel Zeit. Welch eine Befreiung, welch eine Wohltat, sich von dieser neuen Lebenswirklichkeit der Auferstehung beleben zu lassen.

„Kehrt um, denn das Reich Gottes bricht an", hatte Jesus gesagt, und irgendwann hatten ihn die Jünger gefragt: „Ja, wo ist es denn, dieses Reich Gottes? Wo kann man es denn sehen und erleben?" Jesus hatte darauf geantwortet: „Das Reich Gottes ist nicht so beschaffen, dass man es sehen könnte. Es ist inwendig in euch!"

Das Beglückende an diesem Reich Gottes ist, dass Gott uns sieht und im Blick hat und dass er uns großzügig befreit aus dem eng gestrickten Netz der Endlichkeit.

LIEBE MACHT SEHEND

Zugegeben: Ich habe ziemlich nah am Wasser gebaut. Sobald es in einem Film um Abschied, Tod oder Tränen geht, bin ich mitten im Geschehen, versuche ich das Augenwasser zu halten und schluchze still vor mich hin. Verschämt krame ich dann nach einem Taschentuch, reibe mir die Augen und hoffe, dass es keiner merkt. Manchmal geht mir meine eigene Rührseligkeit richtig auf den Wecker. Dann denke ich, wie einfach es doch ist, mich anzurühren, mich in so eine duselige Stimmung zu versetzen – da müssen sich nur die richtigen Leute in den Armen liegen, da muss nur die entsprechend schmalzige Musik unterlegt sein, und schon haben mich die Regisseure, Schauspieler und Drehbuchautoren genau da, wo sie mich haben wollen: im Tränental tiefster Erschütterung.

Bei Filmen sind wohl die meisten von uns leichte und schnelle Beute auf dem freien Markt der Emotionen. Ob nun E.T. sehnsuchtsvoll seinen Zeigfinger streckt und „nach

Hause" stöhnt, ob der „englische Patient" sein Leben Revue passieren lässt oder ob im „Club der toten Dichter" die Schüler auf den Tisch steigen und „Käpt'n, mein Käpt'n" rufen, oft sind es lang vorbereitete Schlüsselmomente eines Filmepos, die uns mit allen Regeln der Kunst emotional weichkochen, um dann kräftig auf die Tränendrüse zu drücken.

Sonst ist es schon schwieriger, uns anzurühren. Wir leben in einer medien- und reizüberfluteten Gesellschaft. Tagtäglich bekommen wir den Schrecken aus aller Welt via TV frei Haus ins Wohnzimmer geliefert – was soll mich da noch anrühren, da müsste ich ja den ganzen Tag weinen. Und doch: Es gibt sie, die Ereignisse, die uns erschüttern, anrühren und eine Welle von Hilfsbereitschaft auslösen: Ich denke an den 11. September 2001 oder die Jahrhundertflut 2002, ich denke an die Entführungen von Kindern durch islamische Extremisten, die Gräueltaten des Assad-Regimes und des IS. Es gibt Ereignisse, die uns bis ins Mark erschüttern, die uns herausreißen aus dem Alltagsgeschehen und uns ratlos und hilflos machen. Und es werden, so scheint mir, von Jahr zu Jahr mehr.

Aber es gibt natürlich auch gute Momente, die uns bewegen, wenn Menschen alles auf eine Karte setzen, um zum Beispiel havarierte Flüchtlinge aus dem Mittelmeer zu retten, oder – ein ganz anderes Beispiel – wenn der deutsche Mehrkampfmeister Andreas Toba, wie bei der Olympiade 2016 geschehen, trotz eines Kreuzbandrisses weiterturnt und so seine Mannschaft ins Finale bringt. Das berührt mich.

Was rührt uns an? Was muss geschehen, damit ich von etwas angerührt werde?

Wir brauchen diese Momente, in denen uns etwas „unter die Haut geht" und uns bewegt, aus dem Alltagstrott reißt. Es sind erhabene Momente und mitunter Augenblicke, die uns ganz dicht an den Kern unserer Existenz führen – wenn wir uns anrühren lassen.

Jesus war und ist bekannt für seine wunderbaren Gleichnisse, als ein Mensch, der die Leute mit dem, was er sagte, anrührte und mitunter erschütterte bis ins Mark. Doch nicht nur innerlich rührte er die Menschen an, sondern auch äußerlich. Er ging auf sie zu, berührte und heilte sie. Sogar ein Aussätziger wagte es, sich ihm zu nähern, und Freunde und Angehörige brachten ihre Kranken zu ihm. Jesus kannte keine Berührungsängste. Wir lesen bei Markus (8,22–26): *Und sie kamen nach Betsaida. Und sie brachten zu ihm einen Blinden und baten ihn, dass er ihn anrühre. Und er nahm den Blinden bei der Hand und führte ihn hinaus vor das Dorf, tat Speichel auf seine Augen, legte seine Hände auf ihn und fragte ihn: Siehst du etwas? Und er sah auf und sprach: Ich sehe die Menschen, als sähe ich Bäume umhergehen. Danach legte er abermals die Hände auf seine Augen. Da sah er deutlich und wurde wieder zurechtgebracht, sodass er alles scharf sehen konnte. Und er schickte ihn heim und sprach: Geh nicht hinein in das Dorf!*

Wenn du von Jesus angerührt wirst oder bist, dann wirst du gesund, dann wird dein Leben heil oder, wie hier in unserer Erzählung: Es wird wieder zurechtgebracht. Das war die Überzeugung der Menschen, die den Blinden zu Jesus brachten. Jesus wird uns hier als der Heiland vorgestellt, von dessen Berührung der Blinde heil werden soll und kann. Gerade für einen Blinden ist die körperliche Berührung von elementarer Bedeutung: Jesus nimmt den Blinden an die Hand. Das ist ein ganz wichtiger Moment in dieser Erzählung. Wenn du einem blinden Menschen begegnest und ihn ansprichst, dann gib ihm die Hand, damit er dich lokalisieren und besser wahrnehmen kann und so auch ein Gefühl für dich bekommt.

Bevor er den Blinden anrühren kann, muss er ihn berühren, bei der Hand nehmen und ins Abseits führen, weg vom Trubel, weg von den Menschenmassen und der Reizüberflutung, hinaus „vor das Dorf", denn er will ihn an einem ganz bestimmten Punkt haben, und dort führt er ihn hin.

Nichts anderes tun Regisseure, Drehbuchautoren und Filmemacher: Sie nehmen uns gewissermaßen emotional bei der Hand und führen uns an einen ganz bestimmten Punkt, an dem sie uns dann anrühren.

Wenn ich mich von Jesus an die Hand nehmen lasse, so lautet die Botschaft des Apostels Lukas, führt er mich an Punkte, die ich von mir aus nicht so ohne Weiteres aufgesucht hätte. Dafür steht „vor das Dorf". Warum sollte ich meine Aufmerksamkeit auf einen Ort lenken, wo nichts los ist, wo keiner sonst sich aufhält, kein Gesprächspartner, keine Gemeinde, kein Publikum, keine Marktnische – nichts –, was soll ich hier? Hier kann man doch keine Geschäfte machen, hier kann man keine Teams bilden und etwas bewegen. „Vor dem Dorf" heißt doch „tote Hose". Von mir aus würde ich da nicht hingehen. Ich möchte da sein, wo ich Smartphone-Empfang habe und meine E-Mails mich erreichen – mitten im Zentrum, wo das Leben pulsiert, und nicht im Abseits, wo ich alles verpasse.

„Vor dem Dorf" finden wir, so geleitet, vor allem eines: uns selbst. Hier werden uns die Augen geöffnet für unsere eigene Situation und wir werden sensibilisiert für das, was in uns klingt und schwingt.

Was heißt das nun ganz praktisch? Wie kann ich als aufgeklärter Mensch im 21. Jahrhundert mich von Jesus an die Hand nehmen und „vor das Dorf" führen lassen?

Indem ich mich der Wirklichkeit Gottes öffne. Das kann zum Beispiel in einem Gottesdienst, einem guten Gespräch oder bei der Lektüre eines Buches beginnen, dass ich auf einmal spüre und höre: Gott spricht zu mir.

Wenn ich mich so innerlich an die Hand genommen fühle und bereits jetzt schon gedanklich Wege gegangen bin, die ich vorher so noch nie betreten habe, stimmt die Richtung. Menschen, die offen sind für die Gegenwart Gottes in dieser Welt, werden immer wieder tagtäglich an die Hand genommen und dorthin geführt, wo sonst keiner ist und keiner hinschaut. Menschen, die Jesus nachfolgen, werden sensibel für die vielen kleinen und großen Spuren Gottes in dieser Welt. „Gott spannt leise feine Fäden, die du leicht ergreifen kannst", heißt ein Lied, das ich vor vielen Jahren einmal geschrieben habe. Hier taucht dieses Bild wieder auf: Nachfolge heißt auch, die Spuren Gottes in dieser Welt aufzunehmen, seine Fäden, die er gelegt hat, aufzuheben und dabei neue Wege zu entdecken, wie wir miteinander umgehen können.

„Vor dem Dorf" könnte sein, sich mal in die Situation eines Blinden zu versetzen. Und sich die Frage zu stellen: Was siehst du, was nimmst du eigentlich noch wahr? *Da tat Jesus Speichel*

auf seine Augen, legte seine Hände auf ihn und fragte: Siehst du
etwas?

Ein bisschen eklig ist das schon, oder wie würden Sie das empfinden, wenn Ihnen jemand Speichel auf die Augen streichen würde? Nun, wenn ich blind wäre, wüsste ich ja vielleicht gar nicht auf Anhieb, was da passiert. In jedem Fall hat Speichel eine reinigende hygienische Funktion. Die Augen werden freigespült, der Eiter und die Verkrustungen werden abgelöst – auch aus medizinischer Sicht ist diese Vorgehensweise plausibel.

Das wirklich Erstaunliche an dieser Erzählung ist: Bis jetzt haben Jesus und der Blinde noch kein Wort gewechselt, oder wenn sie sich unterhalten haben, dann war es für diese Erzählung nicht von Bedeutung: *Er nimmt ihn an die Hand, führt ihn hinaus vor das Dorf, tut Speichel auf seine Augen und legt die Hände auf ihn.*

Es wird nicht gesprochen, sondern gehandelt, agiert, berührt, geführt, geholfen, gewaschen, geheilt. Der christliche Glaube war und ist immer dort am stärksten, wo er handelt, wo wir geführt von der Liebe Christi uns „hinaus vor das Dorf" wagen, um zu teilen, zu helfen und zu heilen. Gerade das protestantische Christentum hat mit seinem theologischen Leitspruch, „sola scriptura", „allein das Wort", enormen Aufholbedarf in Sachen nonverbale Kommunikation des Evangeliums. Oder anders gesagt: Wir sind gefordert, unseren Glauben so zu leben, dass wir es wagen können, andere zu fragen: „Was siehst du?"

Denn das ist der erste Satz, den Jesus in dieser Geschichte spricht. Lautlos, ohne ein Wort zu verlieren, hat die Heilung schon begonnen. Und er spricht nur deshalb, um herauszu-bekommen, wie weit der Heilungsprozess fortgeschritten ist. Die körperliche Zuwendung, die alles durchströmende Liebe Gottes leitet die Heilung ein, nicht irgendwelche Worte oder Rezepte. Liebe macht sehend!

Vielleicht ist das eine der großen Miseren der westlichen Christenheit: Wir reden und reden, wir diskutieren, sitzen in Ausschüssen und predigen uns den Hals wund. Doch was passiert, wenn wir den ganz normalen Menschen auf der Straße, der mit Kirche nichts mehr oder nicht mehr viel zu tun hat, fragen: „Was siehst du?"

Dann kommt vielleicht die humorvolle Antwort: „Ich seh den Wald vor Bäumen nicht und ich weiß nicht, was euch Christen von allen anderen unterscheiden soll, bis auf die Tatsache, dass ihr schon immer den Mund ein bisschen voller genommen habt als andere." Liebe macht sehend. Nicht wie wir reden, sondern wie wir handeln, ist entscheidend. Liebe macht sehend, und das ist genau der Punkt, an den uns diese Erzählung führen möchte. Sie möchte uns anrühren im Namen der Liebe, damit wir die Menschen, die uns umgeben, nicht nur verschwommen und nebenbei wahrnehmen, sondern sie und ihre Fragen und Nöte klar erkennen. Das bezeichnet der Evangelist Lukas mit „zurechtgebracht": Wir werden wieder auf die Spur gesetzt, auf der unser Leben gelingen kann.

Wenn Steven Spielberg uns filmisch an die Hand nimmt und exakt an einen ganz bestimmten Punkt führt, an dem wir plötzlich zutiefst gerührt mit dem Geschehen des Filmes verschmelzen, dann nennen wir das „gute Unterhaltung".

Wenn der Apostel Lukas uns durch die Person Jesu wortlos an die Hand nimmt und an einen ganz bestimmten Punkt führt, an dem uns seine Liebe anrührt und uns derart existenziell berührt, dass uns die Augen geöffnet werden, dann nennen wir das „Heilung".

Du siehst mich – ein Ausblick

Dass wir sehen können und dass wir gesehen werden – von anderen Menschen und von Gott. Das ist ein großes Glück und zugleich auch ein Wunder.

Wenn ich mir bewusst mache, dass ich von Wundern umgeben bin, werde ich mich an dem erfreuen, was ich sehe, und daran, dass ich selbst gesehen werde, dass ich im Blick dessen bin, der mich geschaffen und gewollt hat.

Dass Gott mich sieht, hat nichts Bedrohliches, sondern etwas Befreiendes, denn die Botschaft der Bibel lautet, dass Gott – obwohl er mich bis in die Haarspitzen kennt, mich besser kennt als ich mich selbst – trotzdem mein Freund sein möchte. Ein Freund, der mich hineinnimmt in den Freiraum seiner Liebe.

So will ich leben, so will ich meinen Tag begehen, im Glauben an den einen, der mich sieht, liebt und trägt. Woher ich komme und wohin ich gehe, bestimmt das Jetzt, den Augenblick, in dem ich lebe. Und dabei werde ich von vielen anderen gesehen: von meiner Familie, vom Tankwart, von der

Bäckersfrau, von meinem Arzt, meiner Friseurin, von meinem Arbeitskollegen. Von den Menschen auf der Straße, beim Einkaufen, von meinem Publikum – von allen werde ich unter einem bestimmten Blickwinkel gesehen. Die meisten sehen mich jedoch nur oberflächlich – Gott sieht das Ganze. Er begleitet, wie ein liebender Vater, mein „Woher" und „Wohin". Deshalb ist es gut, sich immer wieder einmal Zeit zu nehmen und sich die zwei Fragen zu stellen, die der Engel der Sklavin Hagar am Brunnen in der Wüste gestellt hat: „Woher kommst du?", und: „Wohin willst du?"

So kann unser Denken und unser Glauben einstimmen in das Freudenlied der Hagar: „Du bist ein Gott, der mich sieht!", und in die beglückende Erfahrung: *Für die Welt bin ich nur einer von vielen, doch für Gott bin ich die Welt.*

DANKE

Besonders danken möchte ich meinem Schwager Karl Neu-
wöhner, dem ich das Manuskript im Rohzustand zumuten
durfte. Seine Hinweise und kritischen Anmerkungen waren
für mich sehr wichtig. Herzlich bedanken möchte ich mich
auch bei Stefan Wiesner und dem adeo-Team, die dieses Buch
von Anfang an gesehen und nun auch gemeinsam mit mir
umgesetzt haben.

Weitere Bücher und CDs von Clemens Bittlinger (Auswahl)

Bücher

Da, wo ich bin, da will ich sein! Von der Freiheit, authentisch zu leben, Kreuz Verlag, Freiburg 2011.

Du bist bei mir, Brunnen Verlag, Gießen 2014. Geschenkband für Jugendliche zum Psalm 23.

Großzügigkeit. Kleinkariert war gestern, Kreuz Verlag, Freiburg 2014.

HabSeligkeiten. Eine Anleitung zum Glücklichsein, Herder, Freiburg 2017 (Neuauflage als Taschenbuch).

CDs

Fingerspitzengefühle, Sanna Sound/Herder 2004. Soloalbum.

HabSeligkeiten, Sanna Sound/Herder 2009. Soloalbum.

Öffnet den Kreis – Neue Lieder zum Mitsingen, Sanna Sound/ Gerth 2016.

Perlen des Glaubens, Sanna Sound/Herder 2009. Das offizielle Songalbum zu dem wundersamen Perlenband.

Unerhört, Sanna Sound/Herder 2015. Soloalbum.

Anfragen, Infos und Kontakt unter: www.clemens-bittlinger.de
E-Mail-Kontakt: chris.miller@gmx.net

Der Verlag weist ausdrücklich darauf hin, dass im Text
enthaltene externe Links vom Verlag nur bis zum Zeitpunkt
der Buchveröffentlichung eingesehen werden konnten.
Auf spätere Veränderungen hat der Verlag keinerlei Einfluss.
Eine Haftung des Verlags ist daher ausgeschlossen.

© 2017 adeo Verlag
in der Gerth Medien GmbH, Dillerberg 1, 35614 Asslar

1. Auflage 2017
Bestell-Nr. 835133
ISBN 978-3-86334-133-6

Umschlaggestaltung: Gute Botschafter GmbH, Haltern am See
Lektorat: Stefan Wiesner
Satz: Uhl + Massopust, Aalen
Druck und Verarbeitung: GGP Media GmbH, Pößneck
Printed in Germany

www.adeo-verlag.de